高原达日展新颜

——达日县脱贫攻坚成果与经验总结

达日县乡村振兴局 主编

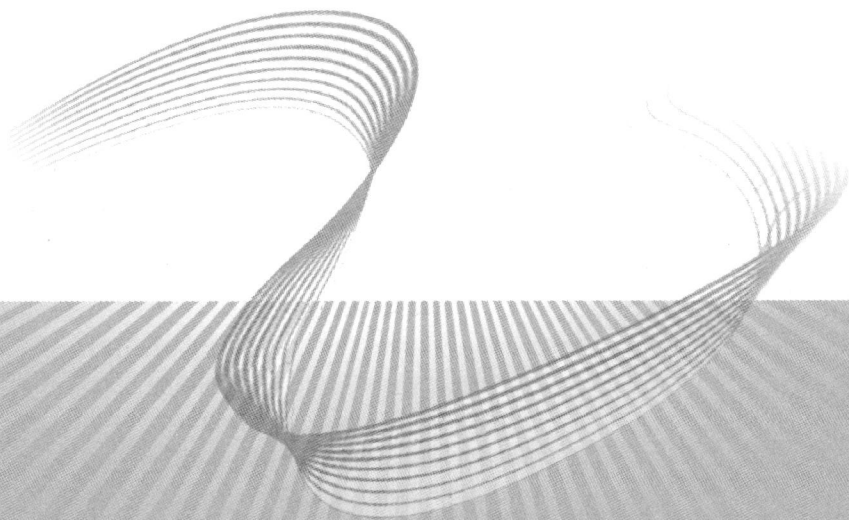

中国出版集团有限公司
China Publishing Group Co., Ltd.

研究出版社

图书在版编目（CIP）数据

高原达日展新颜：达日县脱贫攻坚成果与经验总结 /
达日县乡村振兴局主编 .—北京：研究出版社，2023.5
ISBN 978-7-5199-1428-8

Ⅰ.①高… Ⅱ.①达… Ⅲ.①扶贫－工作概况－达日
县Ⅳ.① F127.444

中国版本图书馆 CIP 数据核字（2023）第037491号

出 品 人：赵卜慧
出版统筹：丁　波
责任编辑：寇颖丹

高原达日展新颜
GAOYUAN DARI ZHAN XINYAN
达日县脱贫攻坚成果与经验总结
达日县乡村振兴局　主编
研究出版社 出版发行
（100006　北京市东城区灯市口大街100号华腾商务楼）
陕西金德佳印务有限公司　新华书店经销
2023年5月第1版　2023年5月第1次印刷
开本：710毫米×1000毫米　1/16　印张：8
字数：111千字
ISBN 978-7-5199-1428-8　定价：56.00元
电话（010）64217619　64217652（发行部）

本书编委会

主编：牛得海

成员：周 洛 仁 杰 崔 保

目　　录

第一章　攻坚综述

2021年2月25日，在全国脱贫攻坚总结表彰大会上，习近平总书记庄严宣告：经过全党全国各族人民共同努力，在迎来中国共产党成立一百周年的重要时刻，我国脱贫攻坚战取得了全面胜利，现行标准下9899万农村贫困人口全部脱贫，832个贫困县全部摘帽，12.8万个贫困村全部出列，区域性整体贫困得到解决，完成了消除绝对贫困的艰巨任务，创造了又一个彪炳史册的人间奇迹！这是中国人民的伟大光荣，是中国共产党的伟大光荣，是中华民族的伟大光荣！

党的十八大以来，党中央把实现贫困人口的成功脱贫当作我们党全面建成小康社会的底线任务和标志性指标，我国政府把扶贫开发纳入"四个全面"战略布局，提出了一系列扶贫工作的重要战略部署。

习近平总书记指出，"消除贫困、改善民生、逐步实现共同富裕，是社会主义的本质要求，是我们党的重要使命，全面建成小康社会，是党对全国人民的庄严承诺"。到2020年全面建成小康社会，是我们党确定的"两个一百年"奋斗目标的第一个百年奋斗目标。

随着脱贫工作的有序推进，全国各地精准实施了"五个一批""六个精准"等扶贫政策，经过各级领导班子和群众的共同努力，实现了贫困发生率从10.2%下降至不高于4%的极好效果。跟随中央政府脱贫攻坚工作行进的脚步，青海省果洛藏族自治州达日县县委、县政府牢记使命，以习近平总书记关于扶贫工作的重要论述为遵循，在青海省委、省政府、果洛州委州政府的高效指挥布局下，扛起脱贫攻坚的大旗，谱写了达日县可歌可泣的新篇章。

第一节　果洛州达日县贫困状况

达日县地处青海省东南部果洛藏族自治州，南与四川省为邻，全县平均海拔4200米以上，是三江源重要的生态功能区。巴颜喀拉山脉从西北向东南横贯全境，将达日县分为长江、黄河两大水系。全县属高寒半湿润气候，无明显四季之分，只有冷暖之别，年平均温度为-0.5℃，昼夜温差为15℃至25℃，年平均降水量540.6毫米，年平均蒸发量1205.9毫米。全县总面积1.48万平方千米，其中可利用草场面积2112.87万亩，占草场总面积的94.87%。全县现辖吉迈镇和上红科乡、下红科乡、莫坝乡、桑日麻乡、特合土乡、建设乡、满掌乡、窝赛乡、德昂乡1镇9乡33个村，109个牧业合作社，1个扶贫联社。截至2019年底，全县总人口10551户38004人（其中牧民8309户30666人）。

达日县于1992年被确定为省定贫困县，1994年被确定为国定贫困县，2002年被确定为国家重点扶持县，2012年被确定为国家扶贫开发工作重点县。

2000年，达日县贫困户和贫困人口分别占总户和总人口的22.79%和21.9%。这些贫困人口的温饱问题亟待解决，尤其是乞讨户、无畜户和少畜户。贫困人口缺衣少粮，基本生活无法保障，成为后期重点扶贫的对象。

2012年3月，经过深度调研和实地考察，以及在基层群众中进行深入走访，国务院扶贫开发领导小组办公室公布了832个国家级贫困县的调整名单。随后，国务院扶贫开发领导小组办公室在其官方网站公布了665个国家扶贫开发工作重点县名单，其中，包括青海省在内的西部地区"连片特困地区"成为脱贫攻坚工作的主战场。根据国家"八七扶贫攻坚计划"，全国确定国家重点扶持的贫困县共有592个，青海省有14个，其中包括果洛藏族自治州达日县、甘德县和玛多县。

据2013年达日县发改委统计数据，全县2013年实现地区生产总值2.4265亿元（现价），牧民人均纯收入3024.47元，与全省农牧民人均纯收入6196.39元相比低3171.92元，仅占全省农牧民人均纯收入的48%；现有贫困人口16055人、3802户，占全县牧业总人口的65.10%。到2015年农牧民人均收入逐年有所增长，贫困面貌有所改善。

随着脱贫攻坚工作的深入推进，为进一步打好脱贫攻坚战，达日县各级政府组织精干力量深入贫困地区，与贫困群众进行密切接触和交谈，精准划分贫困类型、致贫因素，找出脱贫路径，进一步扎实开展实施"八个一批"精准扶贫和整体脱贫工作。

2015年9月果洛州委召开的常委扩大会议上的报告显示，果洛州全州现有74个贫困村13230户贫困户45097名贫困人口，占全州农牧民总人口的30.4%。

同年，达日县全县共核定贫困村13个，通过精准识别"五看法"，识别建档立卡贫困户2057户6689人，全县综合贫困发生率为25.4%。2016年至2019年，经动态调整，全县建档立卡人口共有2620户9769人。按类别分，一般贫困户2121户8575人，低保贫困户499户1194人。按主要致贫原因分，因病致贫390户，占比14.89%；因残致贫104户，占比3.97%；因学致贫3户，占比0.11%；因灾致贫2户，占比0.08%；缺水致贫68户，占比2.60%；缺技术致贫344户，占比13.13%；缺劳动力致贫315户，占比12.02%；缺资金致贫650户，占比24.81%；交通条件落后737户，占比28.13%，自身发展动力不足致贫4户，占比0.15%；因丧致贫3户，占比0.11%。如图1-1所示。

脱贫攻坚初期，达日县全县共有13个贫困村，2620户、9769名建档立卡贫困人口。党的十八大以来，达日县各级领导干部和基层工作人员认真贯彻落实党中央、省州委关于打赢脱贫攻坚战的重大决策部署，把扶贫脱贫作为一项重要的政治工作，积极实施各项扶贫政策，并采取有力的监督制度保障脱贫攻坚成果。

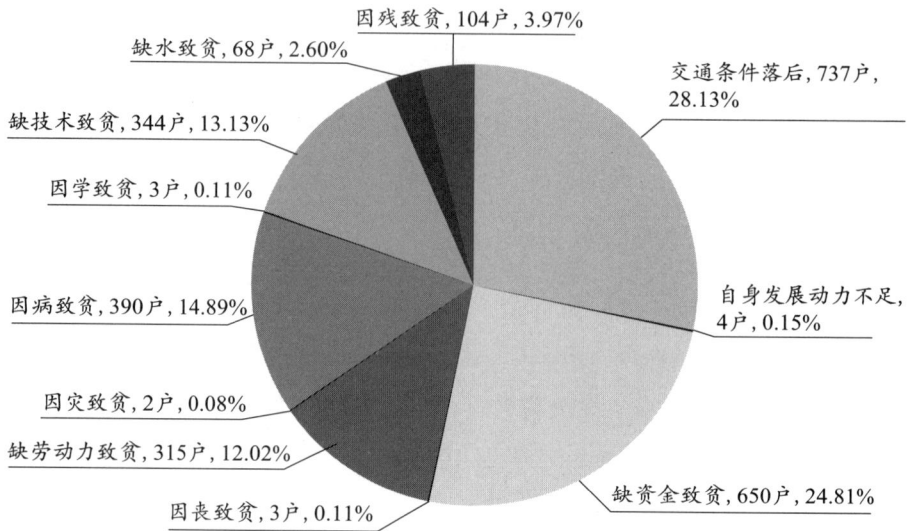

图1-1　达日县致贫原因分析图

2016年达日县1个贫困村退出，290户1032人脱贫；

2017年达日县2个贫困村退出，228户927人脱贫；

2018年达日县3个贫困村退出，913户4082人脱贫；

2019年达日县7个贫困村退出，1189户3728人脱贫，全县实现整体脱贫摘帽（见表1-1）。

表1-1　达日县2016年至2019年贫困退出统计

年份	退出村数	退出户数	退出人数
2016	1	290	1032
2017	2	228	927
2018	3	913	4082
2019	7	1189	3728

2020年，全县顺利通过2019年青海省贫困县退出专项评估检查、国家第三方评估抽检、脱贫攻坚普查、国家"十三五"易地扶贫搬迁抽查核查和国家深度贫困地区实地检测评价等各级各类检查验收。2017年、2018年、

2019年达日县先后获得全省脱贫攻坚考核总体评价"好""较好"和"好"的成绩，2019年"'十三五'易地扶贫搬迁工作先进县"称号、2019年度全省脱贫攻坚先进县称号，得到了省委、省政府的充分肯定。

第二节　果洛州达日县脱贫成效

一、脱贫攻坚以来的变化——数据篇

达日县在省委、省政府、州委州政府的坚强领导和上级业务部门的有力指导下，在全县广大干部群众的共同努力下，以习近平新时代中国特色社会主义思想为指导，认真贯彻党中央和省州委关于脱贫攻坚的一系列安排部署，紧紧围绕脱贫攻坚各项目标任务，全面落实"四个不摘"（摘帽不摘责任，摘帽不摘政策，摘帽不摘帮扶，摘帽不摘监管）要求，以巩固提升脱贫成果为抓手，认真开展了"补针点睛"各项工作，较好地完成了脱贫攻坚摘帽评估、易地扶贫搬迁评估、脱贫攻坚成效普查、中央巡视整改"回头看"以及各类督查、检查、巡查整改等工作，形成了脱贫成果持续巩固、脱贫质量全面提升、脱贫群众稳定增收的良好局面，为全县如期全面建成小康社会、实现"一优两高"奠定了坚实基础。2016年以来，争取投入省州县三级财政专项扶贫资金8.8亿元，累计整合涉农资金28.1亿元。自精准扶贫工作开展以来，县委、县政府通过大力实施产业扶贫政策，累计投入2.2502亿元，包含上海援建、中国普天集团帮扶、旅游扶贫、到户产业、涉农整合、县级自筹等资金，先后建成扶贫商铺、扶贫宾馆、纯净水公司、旅游扶贫藏家园、精准扶贫商贸旅游产业园等项目。

2016年至2019年累计培训830余人，12名劳动力成功入沪实现劳务输出。2018年，达日县成立了贫困劳动力就业培训指导中心。截至2020年，培训中心共整合投入培训资金511万元，培训贫困劳动力450人，转移就业280人，

就业人员人均月工资3000元。通过培训，全面提高了建档立卡贫困人口自我发展和就业、创业能力。

2016年至2020年，达日县共投入3.074211亿元，其中投入2.0128亿元覆盖9乡1镇13所中小学和12所幼儿园，并已全面完成标准化学校建设工作。2016年至2020年，达日县发放各类补贴保障金累计2.136458亿元，切实发挥了低保兜底脱贫的保障作用。

共完成农村危旧房改造3500户，总投资1.191亿元。

交通扶贫专项行动，共计投入2.63亿元，修建公路1371公里，全县10344户37305人收益。

达日县坚持精准方略，紧紧围绕"两不愁三保障"目标，以"1+8+12"政策体系为牵引，扎实推进党中央决策部署落地生根。

2016年完成吉迈镇龙才村1个贫困村退出，稳定脱贫290户1032人。

2017年完成德昂乡康隆村、上红科乡特根村2个贫困村退出，稳定脱贫228户927人。

2018年完成下红科乡达孜村、窝赛乡依隆村、建设乡沙日纳村3个村退出，稳定脱贫913户4082人。

2019年完成德昂乡莫日合村、满掌乡布东村、莫坝乡赛尔钦村、桑日麻乡红旗村、特合土乡夏曲村、下红科乡那尼村、上红科乡尼勒村7个贫困村退出，稳定脱贫1189户3728人。2019年底，全面完成13个贫困村退出、2620户9769名贫困人口脱贫，综合贫困发生率不显著，全县牧民人均可支配收入达8137元，全县贫困人口人均可支配收入达8762元，"两不愁三保障"目标全面实现，区域性整体贫困得到全面解决，困扰达日县千百年来的绝对贫困问题得到历史性解决。

二、脱贫攻坚以来的变化——实践篇

脱贫攻坚战打响以来，达日县委、县政府认真贯彻落实习近平总书记关于扶贫工作的重要论述，始终把脱贫攻坚作为第一民生工程统领经济社会发展全局，始终坚持精准扶贫精准脱贫基本方略，紧紧围绕"两不愁三保障""一高于、一接近"和人口脱贫、县摘帽、解决区域性整体贫困的总体目标，高站位、高标准、高质量推进党中央、国务院和省委、省政府决策部署落实落地，如期实现全县贫困人口绝对"清零"的目标任务。

五年攻坚取得了决定性成就，走出了一条适合达日县县情的脱贫攻坚新路子。政策体系构建完善精准落实，达日县"1+8+12"精准施策行动路径和"2+5+N"深度攻坚政策体系不断完善，联点帮扶、投入保障、考核评价、动态监测帮扶等机制精准落实，为推进乡村振兴战略提供了可复制、可借鉴的一整套经验做法。

五年来，全县通过落实"八个一批"发展产业扶持2121户8575人；易地搬迁扶持1960户7979人；资产收益扶持2616户9783人；培训转移扶持1522人次；教育扶持2157人次；医疗救助扶持22150人次；生态补偿扶持30666人次；对499户1194人低保户等弱势群体，采取居家养老、兜底保障等措施保障其基本生活，累计落实农村低保补助资金8622万元，对全县残疾人发放生活补助432万元。

（一）以精准施策为抓手，不断夯实脱贫攻坚基础

1. 坚持扶贫对象精准

达日县把精准识别建档立卡贫困户作为做好脱贫攻坚工作的前提和基础，通过"五看法"识别模式，在"两评议一比对、两公示一公告"识别程序和县乡村户层层签字把关确认的基础上，扎实开展了扶贫对象的复核、比对和"回头看"的动态调整工作。四年内共纳入贫困人口2616户9783人，清退不符合标准在档人口3户4人，补录漏登人口279人，人口自然净减少387人，人口自然净增加14人。做到"符合政策的一户不漏、不符合政策的一户不批"，从源头上打牢了精准扶贫工作的基础。

2. 坚持项目安排精准

坚持"规划到村、项目到户"的原则，在充分调查、分析、找准致贫原因的基础上，深入基层了解村情民意、因地制宜确定项目，既充分考虑群众的接受能力，尊重群众意愿，让群众"点菜"，又科学编制项目方案，做到项目方案到村到户，脱贫效果到村到户。

3. 坚持资金使用精准

落实衔接资金科学分配，注重风险防控，实行预算绩效管理，多方聚力确保衔接资金精准使用。一是明确重点支持对象，二是高度重视风险防控，三是实行全面预算管理，四是严格衔接资金监管。

4. 坚持措施到户精准

针对贫困户不同的致贫原因，实行差异化扶持，精准定向施策，确保扶贫扶到点上、扶到根上，切实解决贫困根源问题。

5. 坚持因村派人精准

因村因地因人选派，夯实精准扶贫队伍建设基础。提高帮扶的精准度，把好工作队员的"选派关"。一是因村精准选派。结合贫困村民情社情、致贫原因、主导产业等因素，有针对性地做好干部选派和后盾单位挂点工作。二是因地精准选派。结合贫困村所处地理位置等实际，有针对性地选派扶贫干部。三是因人精准选派。既充分考虑驻村干部的个人特点，也全盘考虑干部结构。

6. 坚持脱贫成效精准

在精准施策上出实招、在精准推进上下实功、在精准落地上见实效。紧紧围绕"扶持谁、谁来扶、怎么扶、如何退"抓好各项工作落实。

（二）以强化"造血"功能为目标，积极培育四级扶贫产业

达日县始终坚持把培育产业作为推动脱贫攻坚的根本出路，把握产业脱贫的痛点、难点、关键点。通过系统化规划、多产业融合、全链条开发，全县产业扶贫取得了明显成效，形成了户有增收项目、村有集体经济、县有扶贫产业园的"三位一体"产业扶贫格局。

1. 州级层面

积极实施"飞地"扶贫项目助增收，筹措4000万元入股果洛大酒店项目，覆盖8个贫困村3900名贫困人口，2019年收益34.78万元；筹资300万元入股果洛州综合商城项目，覆盖1个村540名贫困人口，年人均增收310元。

2. 县级层面

围绕"打造产业集群，进而带动贫困群众发展生产增加收入"的产业园建设思路，投入涉农统筹整合资金1.34亿元，建成集"商业步行街、酒店、汽车保养中心、农贸市场"于一体的精准扶贫商贸旅游产业园，打造"企业＋扶贫基地＋村级扶贫合作社＋建档立卡贫困户"的利益联结机制，通过为贫困人口提供实训、创业就业平台和贫困户参与分红的扶贫方式，覆盖全县1817户7439名建档立卡贫困人口，增收总资金每年达到650万元，年收益的30%用于贫困劳动力转移就业奖补，70%用于贫困人口分红，年人均增收达到611元。

3. 村级层面

达日县共投入1.8085亿元打造村级产业项目。扶贫部门共投入8786万元。其中，培育乡村旅游、发展集体经济投入2800余万元，培育了以乡村旅游、高原特色产品加工等多元化的村集体经济扶贫产业，特别是2018年以来围绕乡村振兴，全面启动村集体经济"破零"工程，着力构建多元化发展产业格局，研究制定了《达日县村集体经济"破零"实施方案》《达日县村集体经济收益分配指导意见》。13个贫困村投入4046万元统一实施了村级光伏扶贫电站项目，年收益达700余万元；累计落实财政专项扶贫资金2000万元助力非贫困村集体经济发展，实现村集体经济"破零"目标，2019年全县村集体经济收益共计229.819万元，平均每村年收益6.76万元，最高年收益20.8万元，最低年收益3万元。农牧部门投入9299万元，建立生态畜牧业合作社，牧民以牲畜、草场等生产资料入股，实现了33个行政村全覆盖，惠及牧民群众3010户10385人，各村村集体经济发展产业初具规模，贫困人口人均可支配收入中经营性净收入占比明显提高，贫困人口实现稳定、可持续增收。

（三）强化"三大支撑"，不断拓宽群众增收渠道

1. 强化实用技术支撑

始终坚持"精准滴灌"，帮助全县贫困劳动力通过转移就业和技能培训帮助脱贫。五年来，对全县有培训意愿的贫困劳动力开展技能培训1869人次，转移就业930人次，以创业带动贫困劳动力就业30人次。围绕县域及周边企业事业单位用工需求，开展"雨露计划"，即短期实用技能"订单式"培训，投入资金510万元，受益贫困劳动力达732人次。

2. 强化金融支撑

投入金融扶贫贷款担保资金700万元，撬动银行贷款2304.5万元，用于扶持贫困户、各类经济实体参与产业扶贫带动。积极推行"530"小额信贷，加大政策宣传和资金管控，发放"530"小额贷款773笔1504.5万元；为龙头企业和合作社发放贷款800万元，贴息资金73.4万元，带动80户贫困群众户均增收4750元。贫困村生产发展互助资金效益显著，共投入财政扶贫资金650万元，注册成立13个互助协会，实现了贫困村全覆盖，累计贷款达1211.8万元，建档立卡贫困户入会率达到了100%。

3. 强化电商支撑

围绕全省电子商务进农村示范县创建，积极树立"互联网＋扶贫"新理念，2019年建成县级电子商务服务中心1处，线上线下同步销售本土特色农畜产品及加工产品。

（四）产业扶贫成为脱贫新动力

脱贫攻坚期间，达日县全县致力于改善贫困村发展面貌，增强贫困村发展能力，始终坚持高标准狠抓项目建设，建立了范围、资金、任务、流程、绩效"五张清单"，实施重点项目4类20项。特别是不断充实扶贫领域项目库，严把村申报、乡镇初审、部门审核、县级审定的申报入库程序，将产业发展、基础设施、社会事业等领域77个项目纳入项目库。

坚持把精准扶贫旅游商贸产业园作为脱贫攻坚的有力抓手，以产业扶贫为载体，以辐射带动、解决贫困群众家门口就业为宗旨，整合产业到户、对口援建、县级自筹及涉农资金，投资1.34亿元实施了精准扶贫商贸旅游产业园，包括民族商业步行街、农贸蔬菜市场、酒店和自驾车保养中心。产业园集住宿、购物、餐饮于一体，提供游、购、娱、食、宿全方位服务，建设目标为辐射周边区域的高端民族用品贸易中心和文化交流中心，项目覆盖建档立卡贫困户1817户7439人，年人均收益达611元，可解决120个就业岗位。

（五）易地搬迁走出脱贫新路子

脱贫攻坚期间，达日县全县投入财政扶贫资金3.92亿元，实施易地搬迁项目1960户7979人，投入资金1.191亿元实施农牧民危旧房改造3500户，对8309户房屋进行安全鉴定，贫困户房屋合格率和群众满意度均达到100%。

其中，县城集中安置1158户4564人，乡镇集中安置396户1724人，村内集中安置406户1691人。在建设方式上，采用统归统建的模式，坚决把住成本、质量、标准建设红线，通过采取乡镇选址，聘请第三方提供施工图纸和建设标准，扶贫部门组织实施的方式扎实推进，房屋合格率和群众满意度均达到100%。

针对搬迁群众的后续发展问题，达日县着力打造产业发展、商铺经济、转移就业、乡村旅游、资产收益等后续产业项目，持续带动搬迁群众增收，真正实现了搬得出、稳得住、能致富。

1. 工程建设：跑出"达日速度"

挪穷窝、换穷貌、改穷业、拔穷根、换新颜……这是扶贫工作的治本之策。2016年至2018年，达日县共安置建档立卡贫困户1960户7979人。全县共有三个100户以上的集中安置点，岭格社区安置点（县城）安置695户2536人、丹玛社区安置点（县城）安置465户2016人、阿达拉姆安置点（桑日麻乡）安置135户570人。

2. 齐心协力：完善"基础设施"

全县五年内累计投入16.75亿元，水、电、路、房等方面瓶颈制约不断被突破。

投入交通专项资金2.63亿元，重点实施了行政村、自然村畅通工程，总里程1371公里，行政村公路通达率达100%，通畅率达100%。

投入6913万元，新建安全水井2083眼，通过建设安全饮水工程，贫困村及贫困人口的饮水安全率达100%，饮水普及率达100%，水质达标率达100%。实施8个乡镇9个行政村的"高原美丽乡村"建设项目，乡村人居环境大幅改善。

电力部门先后争取电网扶贫项目46项，10千伏及0.4千伏电网新建与延伸1260公里，解决全县范围内牧民用电问题，累计投资4.245亿元，截至2019年底"三区三州"最后3个无电乡通电，实现了9乡1镇电网全覆盖。

通信部门投入5800万元新建45处通信基站，33个行政村实现了通宽带和手机信号；

投入教育专项资金3.07亿元，全面提升义务教育软硬件设施；

投入文化专项资金1716万元，实施33个村级文化活动室及广播电视覆盖项目；

投入811万元，完成33个村级标准化卫生室建设；

深入推进"六减"健康扶贫措施，推行"一单式"结算服务，贫困户医疗报销比例达90%以上，建档立卡贫困户家庭医生签约服务覆盖率达100%，贫困户基本公共服务享有程度有效提升。

在推进易地扶贫搬迁工作中，达日县委、县政府强化主体责任，乡镇、部门相互联动，搬迁户积极配合，按照搬迁旧宅拆旧复垦"一户一宅、搬新腾旧"政策，详细制定了《达日县易地搬迁实施方案》，坚持群众自愿、积极稳妥的方针，对居住在"一方水土养不起一方人"地方的建档立卡贫困人口实施易地搬迁，努力做到搬得出、稳得住、能致富，确保搬迁对象如期脱贫致富。

3. 扶持措施：创出"达日特色"

为使搬迁户搬得出、稳得住、能致富，达日县规划实施了扶贫产业园项目，易地搬迁户不仅可以把产业到户资金以资本入股的形式注入产业园，实现资产收益分红，还能参加技能培训入园就业。

发展主导产业保增收。近年以来全县先后投入资金9299万元，建立生态畜牧业合作社，牧民以牲畜、草场等生产资料入股，实现了33个行政村全覆盖，惠及牧民群众3010户10385人，这种"合作社＋牧民"的新型生产经营模式，提高了生产效率，解放了劳动力，推动了畜产品深加工，大幅提升了畜牧产业经济效益。

乡村旅游项目促增收。全县充分利用当地格萨尔文化、民俗风情、高原旅游探险等资源，以"体验高原生态"为主题，利用已实施的龙才村旅游扶贫项目、沙日纳村旅游扶贫项目、特根村旅游扶贫项目等，带动易地搬迁户176户618人增收致富。

资产收益项目创增收。为使搬迁户"搬得出、稳得住、能致富"，拓宽搬迁户增收渠道，达日县规划实施了精准扶贫商贸旅游产业园，搬迁群众将到户产业资金注入县精准扶贫商贸旅游产业园中，实现资产收益分红，该项目覆盖搬迁群众325户1684人，年人均增收611元。

安排公益性岗位稳增收。积极落实生态和公益扶贫政策，共为搬迁户安排公益性岗位1676个，人均月工资1800元，解决搬迁群众后顾之忧，实现稳定增收脱贫。

村集体经济效益带增收。整合每个贫困村集体经济100万元，实施13个贫困村6.5兆瓦光伏扶贫项目；统筹使用每个非贫困村集体经济发展资金，实施了生态畜牧业、扶贫加油站、自酿啤酒厂等集体经济项目，对搬迁户进行全覆盖，年人均分红达800元。共计开发公益性岗位503个。

飞地模式项目助增收。2015年至2016年先后筹资4000多万元，入股西宁市果洛大酒店项目，项目覆盖8个贫困村3900多名贫困人口，年收益320万元；2016年筹资300万元购置果洛州综合商城超市，项目覆盖1个贫困村540多名贫困人口，年收益7万余元。2020年投入1754万元加盟商铺，收益140余万元。

达日县还不断加大精准扶持和培训力度，对具有劳动能力并愿意学习技能的搬迁人口开展集中培训，对有创业意愿的人员进行有针对性的项目创业扶持，切实增强移民搬迁户的创业技能和致富本领。

针对搬迁群众的后续发展问题，全县着力打造产业发展、商铺经济、转移就业、乡村旅游、资产收益等后续产业项目，持续带动搬迁群众增收，真正实现了搬得出、稳得住、能致富。

第三节　积极克服新冠疫情影响，打赢脱贫攻坚战

2020年是全面建成小康社会的关键一年，也是应对新冠疫情，统筹疫情防控和经济发展的关键时刻，这要求达日县各级政府充分认清全年在新冠疫情常态化防控环境下开展脱贫攻坚期内最后一轮考核面临的严峻形势，高

度重视对于扶贫成果的监督和保护，齐心协力完成脱贫攻坚各项工作任务。

自新冠疫情暴发以来，达日县民政局认真贯彻落实党中央、国务院、省州县党委政府决策部署，按照"严阵以待、严防死守、严格筛查、严密管控"的要求，全力做好疫情防控和疫情期间困难群众基本生活保障工作。一是全力做好疫情防控期间各项人员排查工作。指导社区设立检查排查卡点，加大往来人员排查力度，对重点地区返乡人员实施地毯式追踪、网格化排查，逐一建立登记台账，全面翔实掌握返乡人员底数、基本情况，做到辖区底数清、情况明、无死角。疫情期间发放各类慰问物资折合人民币约5.75万元。二是全力保障疫情期间困难群众基本生活。疫情期间，县民政局共计为各乡镇下拨救灾物资清油4000桶、挂面2000箱、棉被褥1450套、防寒服1180件、防潮垫1000床、毛皮鞋1000双、睡袋500个、雪镜1000副、藏服350件、毛衣裤600套。为各乡镇下拨临时救助资金200万元，救灾款200万元，共计400万元；为解决广大贫困群众因疫情影响导致生活困难的问题，累计为全县2731户8838人发放临时救助资金636万元；按照"先救助后补办手续"的方式，为排查出的城镇低收入群体35户186人困难群众发放临时救助金9.3万元，有效保障了疫情期间困难群众的基本生活。

第四节　达日县脱贫攻坚伟大精神

脱贫攻坚五年期间，达日县委、县政府以习近平新时代中国特色社会主义思想为指导，深入贯彻落实习近平总书记"四不摘"和"不获全胜、决不收兵"的重大要求，坚持精准脱贫基本方略，坚持稳中求进工作总基调，不断提升政治站位，持续拧紧思想螺丝，以更严的要求、更硬的作风、更实的举措推动党中央和省委、省政府决策部署落实落地，高质量打赢了脱贫攻坚收官之战。

　　脱贫攻坚期间达日县取得的历史性成就，与习近平总书记对完成脱贫攻坚任务所提出的重要指示精神密不可分。全面把握习近平总书记关于扶贫工作的重要论述，是深刻认识和理解新时代脱贫攻坚精神的关键。新时代的脱贫攻坚精神表现为，攻坚克难的担当精神与一诺千金的诚信精神，因地制宜的求实精神与自立自强的奋斗精神，众志成城的帮扶精神与锲而不舍的钉钉子精神，攻坚拔寨的冲刺精神，迎难而上的奉献精神与同舟共济的互助精神。

　　在脱贫攻坚过程中，达日县各级政府始终把脱贫攻坚作为首要政治任务和第一民生工程，把巩固提升脱贫质量作为年度重要任务，把"补针点睛"和九大后续巩固行动作为主要抓手，以"赶考"的心态和攻坚的态势全力推动决策部署落实落地，表现出了不忘初心、勇于担当的攻坚精神，扶贫济困、守望相助的大爱精神，自力更生、开拓进取的奋斗精神，敢想敢干、勇于探索的首创精神。

第二章　高位推进

第一节　强化理论武装

脱贫攻坚工作进行过程中，达日县全县上下学习贯彻习近平总书记关于扶贫工作的重要论述与党中央、国务院和省委、省政府对脱贫攻坚作出的系列决策部署，采取党委党组中心组集中学、组织观摩学、集中培训学、向先进典型学四种形式学习精准扶贫政策，并以学习测试、目标考核两种方式检验学习成果，取得了较好的成效，为全面完成脱贫攻坚中央专项巡视反馈问题整改任务、实现全州脱贫攻坚绝对贫困"清零"目标、高质量打赢脱贫攻坚战提供了保障。

一、强化理论学习，深化思想认识

全县各级党委、党组织始终把习近平总书记关于扶贫工作的重要论述作为必修课，坚持把学习宣传《习近平扶贫论述摘编》和贯彻落实习近平总书记关于扶贫工作的重要论述作为重要任务，充分利用党委中心组学习会、党组学习会，邀请省级扶贫专家讲解等多种方式深入学习扶贫政策举措。

二、组织异地观摩，借鉴先进经验

为了学习借鉴先进的脱贫经验，全力提升各级扶贫干部脱贫攻坚工作能力，确保如期打赢脱贫攻坚战，县委、县政府主要领导先后率队参加果洛州组织的考察学习活动。分管扶贫工作的县政府副县长、行业部门主要负责人、驻村第一书记和驻村干部代表、村"两委"班子积极参与赴海东、黄南等地考察学习取经。学习组一行先后到两地的扶贫产业园、扶贫车间、易地扶贫集中安置点学习观摩产业发展、集中安置点房屋建设、后续产业发展、扶贫档案等，与两地党政领导和脱贫人口深入交流先进经验做法，认真学习依靠产业脱贫致富的丰富经验。在两次观摩学习中，观摩团成员一致认为兄弟市、州亮点很多，特点鲜明，特色产业发展稳健，村容村貌焕然一新，上墙的扶贫政策一目了然，档案资料齐全规范。观摩学习回来后，观摩团成员纷纷以参观学习为契机，按照县委、县政府"借鉴经验、找准问题、补齐短板、全面攻坚"的总体要求，积极借鉴兄弟市州先进经验，取长补短，精益求精，在加强基层组织建设、推动产业扶贫、易地扶贫搬迁、补齐基础设施和公共服务短板中出实招、办实事、抓落实，有力推动了全县脱贫攻坚工作。

三、学习先进典型，汇聚正面能量

达日县全县全面贯彻落实国务院扶贫办向时代楷模黄文秀学习的通知、县委各级领导干部利用每周一学习时间，学习强国平台、电视、报纸等紧扣主题，认真组织全体党员干部职工学习先进事迹，宣传脱贫攻坚工作的政策措施、进展成效、先进典型等。结合深入学习宣传董周快同志先进事迹，掀起了向道德模范学习的热潮。通过学习，所有党员干部职工以先进典型为榜样，将学习成果迅速转化为工作动力，聚焦精准扶贫精准脱贫工作，上下齐心、砥砺攻坚，围绕贫困人口"两不愁三保障"扶贫标准，挂图作战，扎实开展各项工作"回头看"，逐项落实措施，做到了内化于心、外化于形，有力助推了脱贫攻坚工作。

第二节　强化顶层设计

一、达日县政策支撑体系

党的十八大以来，达日县认真贯彻落实习近平新时代中国特色社会主义思想，坚持精准扶贫、精准脱贫基本方略，把脱贫攻坚作为全县"头号工程"统筹推进，开创了扶贫事业新局面，脱贫攻坚取得了决定性进展，稳步实现全面建成小康社会。

（一）认真落实各项政策，不断完善工作体系

根据达日县实际，达日县扶贫开发局完善了《达日县打赢脱贫攻坚战责任分工方案》，起草了《达日县对7个预脱贫退出村实行"领导出征蹲点、干部承包推进"制工作方案》《达日县脱贫攻坚决战决胜方案》及《达日县"百日攻坚"行动方案》等，进一步明确和细化了各乡镇、各部门主体责任和工作任务，为脱贫攻坚工作有效开展提供了制度保障。同时，创新"1376"脱贫攻坚新模式，对难啃的"硬骨头"逐个逐项攻克解决。

（二）认真落实各级反馈问题整改工作

针对各级反馈问题，达日县扶贫开发局起草了《达日县中央脱贫攻坚专项巡视反馈问题整改方案》《达日县脱贫攻坚中央专项巡视反馈问题补充整改工作方案》，制定了《达日县"十三五"易地扶贫搬迁事中事后巡查工作整改落实及项目资料管理检查反馈问题整改工作方案》《达日县扶贫局2018年成效考核整改方案》。成立了反馈问题整改工作领导小组，召开了反馈问题整改安排部署会及推进会，明确了整改时间节点，加大了整改督查力度，并要求各乡镇、各部门深挖问题根源、梳理整改清单，深入开展"回头看"工作，做到问题不解决不放过、整改不彻底不放过。同时，收集各部门各

乡镇材料整理归档，按时汇总上报问题整改情况。

二、多个行业部门出台政策与措施

脱贫攻坚期内，扶贫部门共投入8786万元，其中，培育乡村旅游、发展集体经济投入2800余万元，培育了以乡村旅游、高原特色产品加工等多元化的村集体经济扶贫产业，特别是2018年以来围绕乡村振兴，全面启动村集体经济"破零"工程，着力构建多元化发展产业格局，研究制定了《达日县村集体经济"破零"实施方案》《达日县村集体经济收益分配指导意见》，13个贫困村投入3986万元统一实施了村级光伏扶贫电站项目，年收益达400余万元；累计落实财政专项扶贫资金2000万元助力非贫困村集体经济发展，实现村集体经济"破零"目标。

全县村集体经济2019年收益共计229.819万元，平均每村年收益6.76万元，最高年收益20.8万元，最低年收益3万元。农牧部门投入9299万元，建立生态畜牧业合作社，牧民以牲畜、草场等生产资料入股，实现了33个行政村全覆盖，惠及牧民群众3010户10385人，各村村集体经济发展产业初具规模，贫困人口人均可支配收入中经营性净收入占比明显提高，贫困人口实现稳定、可持续增收。

第三节　压实攻坚责任

推进脱贫攻坚，关键在责任落实。落实好主体责任，根本在担当。事实也证明，哪里有强烈的责任担当，哪里就有生动的脱贫实践。随着脱贫攻坚工作的推进，达日县坚持各级党委政府负主体责任的原则，同时，明确各级干部切实扛起脱贫攻坚的政治责任。

一、五级书记抓扶贫

习近平总书记指出，扶贫工作要五级书记一起抓。省、市、县、乡、村五级书记各自抓好所负责区域的脱贫攻坚工作，层层签订脱贫攻坚责任书，是如期完成脱贫摘帽的必要举措和重要保证。五级书记一起抓脱贫攻坚，是贯彻各级"一把手"负总责脱贫攻坚责任制的要求，在脱贫攻坚最后关头，五级书记更要冲在前、干在先。

"五级书记抓扶贫"落实到达日县扶贫工作的方方面面，县级干部和乡级干部与人民群众接触最为密切，在扶贫期间深入贫困户家中开展遍访活动，了解贫困户的真实情况，探讨致贫原因并给予对应的帮扶政策。一方面，与基层群众的交谈，各级干部书记能够找出工作的短板和不足，更好地对症下药，制定帮扶措施；另一方面，县级干部和乡级干部通过扯闲话、拉家常的方式，宣传党的政策，关心关爱贫困户生活，能够让贫困群众感受到党的温暖，坚定生活信心，激发内生动力，早日脱贫致富过上小康生活。

二、县委、县政府主体责任

县委、县政府及时对下发的中央脱贫攻坚决策部署文件精神召开专题会议进行学习及传达，并做到领导有批示、批转等收文处理。

县党委政府以及扶贫开发工作领导小组研究部署本县脱贫攻坚工作情况，制定完善脱贫攻坚政策措施，制定年度目标任务，组织部署推进脱贫攻坚工作，安排扶贫资金投入和整合使用，重点了解资金投入与脱贫攻坚目标任务、工作部署是否匹配，涉农资金统筹整合使用是否切实落到实处，保障县级资金投入向扶贫开发工作项目等投入倾斜。

县委办公室、县政府办公室建立组织领导机构、办公室，健全工作职责，明确分工责任，制定帮扶时间表、绘制"作战图"。将脱贫攻坚工作经费纳入本级财政预算，并建立动态调整机制。

全面落实"双帮"工作机制（党委、党支部帮助村党支部，党员干部帮助贫困户），不仅停留在发放现金或实物层面，更要了解贫困户的基本情况和存在的困难，认真记录入户走访信息。与结对帮扶的贫困户促膝谈心，拉家常、聊发展，详细询问他们的身体、生活状况以及存在的实际困难，并深入房前屋后、实地查看，掌握基本情况，核准扶贫政策、措施落实情况，将党和政府对贫困户的帮扶政策落到实处。确保每月下乡开展一次"双帮"帮扶活动。

县人大建立组织领导机构、办公室，健全工作职责，明确分工责任，制定帮扶时间表、绘制"作战图"。将脱贫攻坚工作经费纳入本级财政预算，并建立动态调整机制；全面落实"双帮"工作机制，组织引导开展实质性的帮扶措施工作，确保每月下乡开展一次。

县人大负责年度精准扶贫脱贫攻坚工作计划，精准扶贫工作的相关调研资料和会议记录，结对认亲工作帮扶计划、帮扶成效、帮扶总结，帮扶花名册、简报信息及影像资料，扶贫专题会议记录、简报信息及影像资料，以及年度精准扶贫脱贫攻坚工作总结。

除此之外，县政协、县人武部、县法院、检察院、县委组织部以及宣传部等都分别建立组织领导机构、办公室，健全工作职责，明确分工责任，制定帮扶时间表、绘制"作战图"。将脱贫攻坚工作经费纳入本级财政预算，并建立动态调整机制，承担脱贫攻坚分工责任。

第四节 加大攻坚投入

2015年至2020年，达日县财政部门共计拨付各项财政扶贫专项资金7.52亿元，其中，中央财政投入资金3.09亿元、省级财政投入资金3.61亿元、州县级财政投入资金0.82亿元。达日县财政投入比例见图2-1。

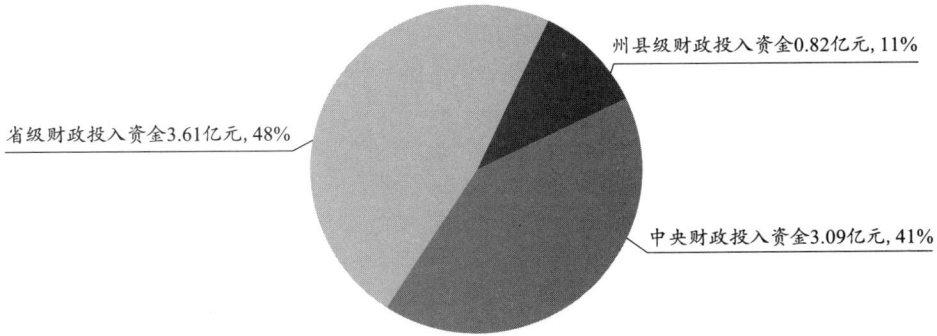

图2-1 达日县财政投入比例

一、统筹整合财政涉农资金

按照财政涉农统筹整合工作要求，不断完善涉农资金整合机制，2016年至2020年全州共计整合财政涉农资金62.95亿元，其中2016年整合5.07亿元，2017年整合23.67亿元，2018年整合18.46亿元，2019年整合10.46亿元，2020年整合5.29亿元（果洛州2016年至2020年整合财政涉农资金情况见表2-1）。其中：达日县共计整合16.8亿元，2017年整合9.76亿元，2018年整合4.72亿元，2019年整合1.18亿元，2020年整合1.14亿元（达日县2016年至2020年整合财政涉农资金情况见表2-2）。

表2-1 果洛州2016年至2020年整合财政涉农资金情况

年份	2016	2017	2018	2019	2020	总计
资金（亿元）	5.07	23.67	18.46	10.46	5.29	62.95

表2-2 达日县2016年至2020年整合财政涉农资金情况

年份	2016	2017	2018	2019	2020	总计
资金（亿元）	0.00	9.76	4.72	1.18	1.14	16.80

涉农资金情况直观反映如图2-2。

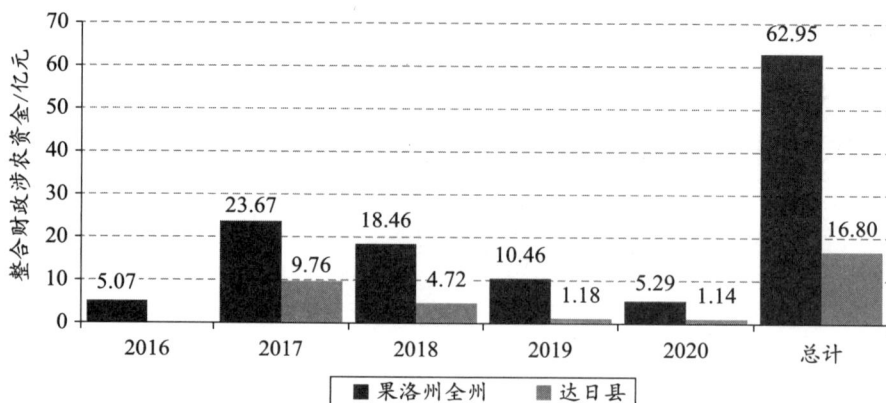

图2-2　果洛州达日县2016年至2020年整合财政涉农资金直观图

"对口支援"方面，2016年以来，共落实上海援建项目48项，资金1.35亿元，争取各类帮扶资金、规划外援助折合资金共计620万元，推动两地开展学习交流交往6批次110人次。争取央企帮扶单位中国普天集团援建项目14项，资金734万元，帮扶困难学生284人次。落实海西州帮扶资金1100万元、青海省环境科学研究设计院有限公司帮扶资金37.42万元、中国科学院西北高原生物研究所帮扶资金54.94万元，有力地促进了达日经济社会持续发展。

另外，2020年，共到位中央财政扶贫专项资金6477万元，省级财政扶贫专项资金2889.6万元，中国普天集团捐助资金217.77万元。

截至2020年底已拨付8273.7753万元，支出率为86.33%。其中村级光伏电站项目已支出2815.1353万元，贫困大学生补助已支出116万元，扶贫贷款贴息已支出6.45万元，项目管理费已支出23.54万元，各乡镇后续扶贫项目已支出679.68万元，易地搬迁村使馆建设资金支出39.9万元，脱贫光荣户奖励资金支出39万元，飞地经济项目支出1754万元，短期技能培训资金支出44.36万元，草原生态管护员资金支出714.08万元（自然资源局实施），2020年果洛州扶贫产业发展项目支出1277.55万元（农牧局实施），德昂乡1号桥建设项目和吉迈镇垮热村通村公路建设项目支出764.08万元（交通局实施）。

综上所述，各类资金投入累计见表2-3。

表2-3　达日县各类资金投入累计

扶贫项目	通信	教育	文化	卫生	金融贷款	对口支援
扶贫资金投入（万元）	5800	30700	1716	811	700	13500

各类资金投入占比情况如图2-3所示：

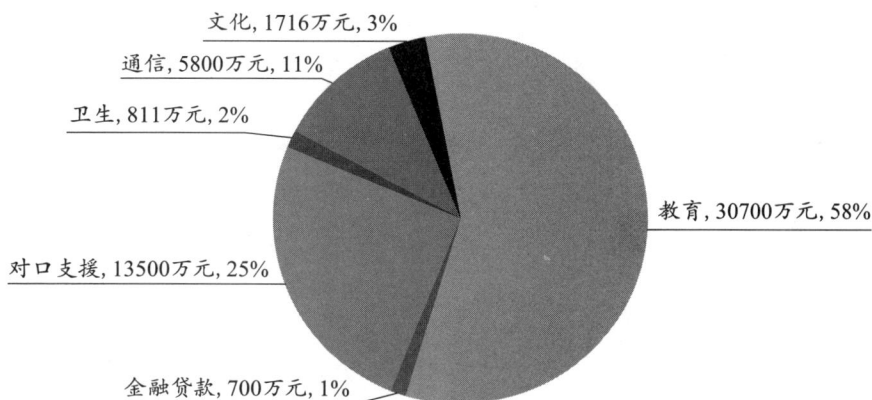

图2-3　达日县各类资金投入占比图

二、人才队伍建设投入

脱贫工作开展期间，果洛州针对脱贫攻坚目标责任考核，根据州委、州政府主要领导批示要求，突出问题导向，采取"送学上门"的形式，由时任果洛州政府副州长拉昂才旦带队，邀请省扶贫开发局援青办主任授课，赴各县举办了提升基层扶贫干部工作能力培训班。各县县委副书记、分管副县长、扶贫局长、乡镇党委政府负责人、乡镇扶贫干事、第一书记以及驻村干部共200余人参加了培训。

根据省、州统一安排，驻村干部队伍由中央、省、州、县、乡五级联合选派，由原来的17个"三类村"和1个一般贫困村扩大到33个行政村和1个扶贫联社，人员由53名增加至101名，扶贫队伍不断扩大，力量不断增强。同时，加强队伍素质，选优配强班子。在充分考虑原班子综合素质的基础上，加大党员干部、年轻干部、民族干部的选派力度，优化队伍结构。中共党员干部比例、35岁及以下年轻干部的比例和主体民族干部的比例较之前分别提高了2%、7% 和13%，队伍更趋年轻化，更贴近实际，有利于工作的开展。

为切实解决扶贫驻村工作队工作难开展、落实有困难等问题，按照每个工作队1.5万元的标准，落实34个队伍51万元工作经费，并及时落实干部地区差价补助，为县、乡选派的87名扶贫驻村干部购买人身意外险，达5.2万元。

第五节　严格监督考核

党的十八大以来，达日县纪检监察机关牢记职责使命，认真贯彻落实党中央、省州委关于打赢脱贫攻坚战重大决策部署，把扶贫领域监督作为一项重要的政治监督工作，扛起脱贫攻坚监督大旗，聚焦扶贫领域作风整治、扶贫项目资金"三公开"、易地搬迁工程等工作，不断在做深做实做细监督上下功夫，始终保持有力震慑，推动形成监督监管"一盘棋"。

一、严格工作要求，加强干部管理

脱贫攻坚期间，达日县全县始终严格执行签到考勤制度，班子成员带头执行落实值班制度，对分管工作严格落实责任制，强化请（销）假管理，将《公务员法》《事业单位人事管理条例》贯穿各个工作中，凡有旷工缺席现象的年终考核不得评优评先。

二、加强督查跟踪，落实奖惩措施

按照年度脱贫摘帽计划，县委、县政府与各乡镇签订责任书，明确时间表，成立调研督导组，对每月脱贫攻坚任务完成情况进行互查互评。了解各乡镇及行业部门的工作进展情况，根据督查情况，对各乡镇工作指标进行排名，工作先进的进行表扬，工作滞后的要求限时整改。

三、加强督导考核，完善督查制度

达日县加大督查指导力度，倒逼各乡镇脱贫攻坚责任、政策和工作落实，确保脱贫成果经得起历史和实践检验。进一步完善和深入落实脱贫攻坚督查制度、通报制度、协调制度，加强对乡镇脱贫攻坚工作的督查指导，定期、不定期开展明察暗访，执行红黑榜通报制度。更加注重督查暗访所发现问题的整改，进一步强化督查巡查结果的运用。

四、完善纪律审查、责任追究和奖惩机制

达日县根据州政府制定的《中共果洛州纪委果洛州监察局集体评估集中办理问题线索工作办法》，对扶贫领域的问题线索建立单独台账，分类处置问题线索，在纪律审查过程中作为重点问题进行审查。实行领导包案负责制，对每起扶贫领域的问题线索都明确一名包案领导，从初查、立案、调查、审理全程进行指导，对办案质量全面负责，提升查办案件的质量。

严肃查处违纪违法行为。县纪委监察局按照扶贫领域信访登记台账，在进村入户对群众举报反映的问题进行暗访排查的基础上，逐一与相关人员谈话核实，确保调查核实工作深入细致。对线索清楚、群众反映强烈的信访件，及时查办、督办，对群众反映强烈并长期没有得到解决的突出问题线索及省纪委转办件实行挂牌督办。

通过在扶贫领域严肃监督执纪问责，全县各级纪检监察机关查处了一批侵害群众利益的不正之风和腐败问题，优化了基层政治生态，推动了全面从严治党向基层延伸，加强了基层党的领导，确保了脱贫攻坚工作始终在纪律的约束下健康有序扎实开展。

第六节　各级考核"指挥棒"发挥情况

脱贫攻坚战打响以来，达日县各级纪检监察机关认真贯彻落实州委、州纪委和本县县委关于加强扶贫领域监督执纪问责的部署和要求，紧扣"精准"二字，紧盯关键环节，认真做好扶贫领域监督执纪问责工作，以监督执纪问责的实际成效为打赢脱贫攻坚战提供坚强纪律保障。

达日县始终把推进扶贫领域问题整改和作风问题专项治理行动作为增强"四个意识"、落实攻坚责任、转变工作作风的有效抓手，强化责任担当，坚持标本兼治，有力保障了脱贫攻坚目标任务如期完成。

一、坚持问题导向，实施扶贫领域突出问题整改行动

对标国家及省州历次审计督导、专项检查、自查自检、考核反馈的问题，达日县上下主动认领、照单全收，坚持"四个不放过"整改要求，第一时间制定对标整改方案，明确整改责任、整改措施、整改时限，严格落实整改工作制度，实行台账管理、督办落实、办结销号，先后开展集中整改和专项整改10次，有力确保了扶贫领域突出问题整改落实落地。特别是坚持问题导向，严格对照国家第三方验收标准，成立了县级脱贫攻坚自查督导小组，先后对全县建档立卡贫困户、非建档立卡贫困户逐户开展三轮自查督导，查摆整改各类问题100多条。同时，充分发挥县人大、县政协、县纪委监委监督作用，先后开展问题整改巡查和督查工作30余次。

2020年，达日县把抓好脱贫攻坚中央专项巡视"回头看"和成效考核及贫困县退出专项评估检查反馈问题整改工作作为一项重要的政治任务，加强组织领导，制定工作方案，主动认领任务，层层传导整改压力，通过举一反三和自查检视，共认领中央专项巡视"回头看"反馈问题3个方面9类

15个，成效考核反馈问题5个方面16类21个，并将贫困县退出专项评估反馈的3个方面5个问题及自查的5个问题整改工作与中央专项巡视"回头看"和成效考核反馈问题整改工作一体推进、一体整改、一体解决，截至目前，46个问题已全部高质量整改完成。为有效防止问题反弹，达日县制定了《易地扶贫搬迁房屋管理办法》《精准扶贫商贸旅游产业园收益资金支持贫困劳动力就业创业奖补方案》《通村公路养护管理办法》《安全饮水设施养护管理办法》等方案办法，建立健全脱贫攻坚长效机制，持续巩固提升脱贫攻坚成果。截至目前，中央及省州层面反馈的所有问题已全面整改完成。

二、注重执纪问责，实施扶贫领域作风问题专项治理行动

针对扶贫领域作风问题，制定和印发了《扶贫领域作风问题专项治理方案》《关于严明脱贫攻坚工作纪律的通知》《中共十四届达日县委扶贫领域专项巡察工作方案》等，发挥审计、纪监等部门职能作用，对各项目的资金投向、实施方案的审查论证、项目运行、检查验收等环节进行全程监督。

建立完善扶贫资金监管机制、督查机制、资金竞争性分配机制、公开公示机制等制度，充分发挥县乡纪委和村党支部纪检员、村民监督委员会的作用，对项目运行、资金拨付情况等进行专项检查，并将扶贫项目资金使用情况作为县级巡察工作重点内容，开展了县级扶贫领域专项巡察检查，脱贫攻坚工作中推诿扯皮、项目进度慢、资金落实不到位等情况得到了有效整治。开展督查考评，加大对全县县直机关、省州驻县扶贫联点单位、联点党员干部和各村第一书记、驻村工作队员督查考评力度，进一步严肃了工作纪律。

五年来，涉及扶贫领域腐败问题给予党纪政务处分8人，提醒谈话4人；因工作落实不力对15名单位（乡镇）负责同志进行了约谈。

达日县紧紧围绕"两不愁三保障"目标要求，狠抓脱贫攻坚工作落实、政策落实、责任落实，全面完成了贫困户脱贫、贫困村退出、贫困县摘帽

的六项指标。

第七节　攻克深度贫困

《中共中央　国务院关于打赢脱贫攻坚战三年行动的指导意见》明确指出，要"坚持精准扶贫精准脱贫基本方略。做到扶持对象精准、项目安排精准、资金使用精准、措施到户精准、因村派人（第一书记）精准、脱贫成效精准"。"六个精准"是精准扶贫基本方略的本质要求，是指导脱贫攻坚工作的行动指南。围绕"六个精准"，达日县展开了广泛的制度设计和措施安排，确保各项政策成果精准落到扶贫对象身上，脱贫攻坚工作取得显著成效。

围绕"六个精准"的脱贫精神和实践要求，达日县精准扶贫工作做出了具体实践：

（1）县、乡（镇）党委政府切实承担起脱贫攻坚的主体责任，做好精准识别、项目落地、资金使用、人力调配、推进实施等工作。

（2）基层干部深入调查和访谈，全面掌握贫困人口的贫困程度、致贫原因、脱贫门路、帮扶措施和帮扶责任，使所有扶贫措施与贫困识别结果相衔接，做到因村施策、因户施策、因人施策，确保了如期稳定脱贫。

（3）政府积极协调农业银行、农业发展银行、农村信用联社、邮政储蓄等金融部门，加大扶贫信贷资金的扶持力度，采取简化审批手续、提高贷款额度、延长贷款年限等措施，为各类扶贫专业合作社建设提供资金支持。

（4）整合发改、农牧等部门涉农资金，统一调配使用，发挥资金的倍增效益、聚合效益，因地制宜，发展藏羊、牦牛养殖，藏茶、蔬菜温棚种植，饲草基地、奶源供应等产业。

（5）围绕"八个一批"脱贫攻坚计划，因地制宜推进特色产业、易地搬迁、生态保护、发展教育、医疗保险和救助、民政低保兜底、资产收益、转移就业工作。

（6）完善脱贫成果考核机制，强化干部管理，激发第一书记和扶贫（驻村）干部工作动力和活力，另外完善了监管机制和奖惩条例，积极保护脱贫成果。

（7）强化县乡村户四级扶贫开发档案管理，专门设立档案储藏室，列出精准扶贫材料归档清单，对各个阶段工作要收集什么材料作出一个目录详细、流程清晰的模板。及时、规范、完整整理在扶贫对象精准识别、扶贫项目招投标、检查验收等方面形成的文字资料以及影像资料，将其收集归档，为使精准识别档案收集、整理、归档、保存工作有章可循、有据可查提供保障。

（8）加强对群众的宣传引导，通过引导宣传党和国家的强农惠农富农政策，让贫困村形成崇尚科学、注重科技、重视教育、提高素质，遵守法律、构建和谐、邻里团结、互帮互助的良好风气，让贫困群众在摆脱贫困的同时，得到精神上的收获和满足。

第三章　促进增收

第一节　产业扶贫

达日县属于纯牧业县，2016年以前草场面积沙化、黑化严重，载畜量、畜草矛盾突出，生产方式传统粗放，畜牧业整体发展动力不足。作为高原牧区，畜牧业养殖有一定基础，且大部分牧户对开展养殖业的积极性高。达日县以加快生态畜牧业发展为契机，鼓励走"专业合作社＋牧户"的发展模式，带动养殖业向规模化、标准化、产业化方向发展。

自精准扶贫工作开展以来，县委、县政府通过大力实施产业扶贫政策，通过整合草场、牲畜，形成"合作社＋牧民"发展新模式，解放了劳动力，推动了畜产品深加工，大幅提高了经济效益。累计投入2.2502亿元，包含上海援建、中国普天集团帮扶、旅游扶贫、到户产业、涉农整合、县级自筹等资金，先后建成扶贫商铺、扶贫宾馆、纯净水公司、旅游扶贫藏家园、精准扶贫商贸旅游产业园等项目，通过入股果洛州综合商城、果洛大酒店等方式获取收益；整合贫困村村集体经济发展资金1300万元实施了6.5兆瓦光伏扶贫项目；通过非贫困村村集体经济发展资金2000万元，实施了畜牧业养殖、啤酒加工、扶贫加油站等项目，做到对贫困群众全覆盖，建档立卡贫困户通过资产收益人均能达到600元以上，通过这些方式进一步拓宽资产收益渠道，实现发展方式的转变和收入的增加。强力整合各类扶贫资源要素，举全县之力推进脱贫攻坚工作。

强化产业引领是脱贫攻坚的根本之策。由表3-1三次产业结构数据可知，达日县当前的产业结构仍处于不合理、非高度化阶段，需要加强产业扶贫项目规划，引导和推动更多产业项目落户贫困地区，完善产业结构，形成长效机制，增强贫困地区"造血"功能、帮助群众就地就业。

表3-1　2015年至2018年达日县第一、二、三产业占总生产总值比重

年份	第一产业比重（%）	第二产业比重（%）	第三产业比重（%）
2015	27.61	34.60	37.79
2016	26.51	36.82	36.67
2017	25.54	37.91	36.55
2018	25.64	39.20	35.16

数据来源：2015年至2018年达日县统计年鉴

一、大力发展生态特色畜牧业和有机种植业

（一）总体情况

达日县统筹使用每个非贫困村集体经济发展资金，实施了生态畜牧业、扶贫加油站、自酿啤酒厂等集体经济项目，对搬迁户进行全覆盖，年人均分红达800元。发展主导产业保增收。近年来，全县先后投入资金9299万元，建立生态畜牧业合作社，牧民以牲畜、草场等生产资料入股，实现了33个行政村全覆盖，惠及牧民群众3010户10385人，这种"合作社＋牧民"新型的生产经营模式，提高了生产效率，解放了劳动力，推动了畜产品深加工，大幅提高了畜牧产业经济效益。

由表3-2数据可知，依托当地资源禀赋，按照贫困地区重点发展的原则，当前牧业人口占达日县总人口的比例在80%左右。畜牧业是国民经济重要组成部分，与生态环境密切相关，在乡村振兴战略中扮演着极其重要的角色。为打赢脱贫攻坚战，实现乡村振兴，达日县多措并举，把发展畜牧业同种植业综合利用、环境治理等工作深度融合，力求实现两手抓两手硬两手赢。

表3-2　2015年至2018年达日县牧业人口数及占人口总数比重

年份	2015	2016	2017	2018
牧业人口数量	27403	28559	29440	30031
占比（%）	79.52	79.90	80.39	80.50

数据来源：2015年至2018年达日县统计年鉴

（二）发展模式及具体做法

1. 坚持"政府扶持、牧民入股、相互配股，标准化养殖、集约化经营、企业化管理、产业化生产"的畜牧业发展模式，以社员入股的草场、牲畜、基础设施及劳动力进行固定分红的模式运转合作社，牲畜养殖繁育技术取得重大突破，高效养殖技术逐渐成熟，牧民群众生产动力得到激发。2016年至2020年累计建成生态畜牧业产业项目共有10类43项，总投资10569.16万元，其中县级投资3555万元、州级投资1730万元、上海援建2170万元。分别为5个饲草种植基地、1个饲草加工基地、27个奶牛养殖及野血牦牛繁育基地、1个白藏羊养殖基地、1个大黄种植基地、2个藏区菜篮子基地、2个奶站、3个基础设施、1个折股量化和1个新型农业经营主体综合保险（安心牲畜保险）气象指数。所有项目呈良性运行。

2. 为实施乡村振兴战略、巩固脱贫攻坚成效提供有力支撑，夯实生态畜牧业产业发展，打造特色品牌。达日县委、县政府在2020年青洽会期间积极招商引资，引进上海膳厨坊生态农业科技发展（达日）有限责任公司，并采取"政府＋企业＋合作社＋牧户"的模式，召开牦牛出栏动员大会，加大宣传力度，实施农牧民奖励补助政策，着力破解了牦牛产业发展的"瓶颈"问题，农牧民群众树立了科学合理的消费观念，对"发展产业就是脱贫致富"有了全面的了解，做到了应出尽出，全力加快了推进生态畜牧业产业发展的步伐。

为着力打牢牧民群众增收致富奠定了坚实的基础。同时按照"牦牛兴则牧民兴，牧民兴则达日兴"的发展理念，全面打开了青藏高原原生态牦牛在上海市的销售市场，摆脱了小买小卖、小打小闹的小农经济局限，迈出了产业化、批量化、标准化、市场化、品牌化、科学化、智能化的第一步。出栏牦牛数量总计2638头433711公斤，交易金额12360763.5元，覆盖全县9乡1镇的大部分合作社以及牧户。牦牛外销和政企联营改变了原来传统的经营模式，该项目的实施，为推动"牦牛经济"更好更快发展提供了新动能，对全县生态畜牧业发展具有里程碑意义。

窝赛乡发展产业脱贫一批。2020年，康巴村奶牛养殖合作社年收益预计少于2019年，因与上海合作，将100头奶牛销往上海，收益375245.25元，用于同奶牛养殖合作社年收益共同进行年底分红，助推全村73户258名建档立卡贫困户实现增收。康巴村饲草产业年收益133024元，可实现建档立卡贫困户人均分红500元。直却村生态畜牧业合作社2020年将收益同直却村销往上海的300头奶牛收益共同进行年底分红，销售奶牛收益1333515元，可实现建档立卡贫困户91户309人增收。依隆村通过饲草种植、藏羊养殖产业发展，收益达206596元，全村92户388名建档立卡贫困户人均分红400元，共计151600元。

桑日麻乡扎实推进产业脱贫。充分发挥贫困地区资源等特色优势，大力实施"一乡一业、一村一品"特色增收产业培育，推进贫困地区产业发展特色化、规模化、现代化、品牌化，确保有产业发展条件的贫困户有1个以上产业增收项目。

德昂乡扎实走好产业发展之路。康隆、莫日合两村各有互助金50万元，借款给牧户用于购买牲畜等发展产业；全乡"530"小额贷款，截至2020年，金融扶持30户，发放贷款79万元，贷款额度1.5万元至3万元不等，用于购买牲畜等发展自身产业，贷款牧户按期还款，未发生逾期不还现象。同时，下拨2020年后续产业扶持资金44.16万元（共计69人，人均6400元），为贫困户购买牦牛，发展养殖业。

吉迈镇在狠抓畜牧业常规管理，全力做好防灾抗灾保畜工作的同时，依托牦牛肉、牛奶等畜产品资源，引导牧民以"党建＋合作社＋牧民"的模式入股，加快推进生态畜牧业建设。争取州、县农牧部门200万元资金建设龙才村奶牛养殖基地，牧民以草场、牲畜等方式入股，每年受益群众84户252人。

二、重点打造特色乡村旅游业，推进民族文化振兴

达日县厚植旅游资源优势，着力打造生态休闲游、民族风情游等旅游产品，形成"近郊依城、远郊靠景、沿路沿河、城乡互动"的发展格局，通过乡村旅游项目促增收。充分利用当地格萨尔文化、民俗风情、高原旅游探险等资源，以"体验高原生态"为主题，利用已实施的龙才村旅游扶贫项目、沙日纳村旅游扶贫项目、特根村旅游扶贫项目等，带动易地搬迁户176户618人。

深入挖掘当地民俗、民间文化资源，支持贫困村和贫困人口发展具有浓郁民族风情和地方民俗文化特色手工艺产业、民族舞蹈等文化产业，扶持具有非物质文化遗产认证的文化产业发展。

桑日麻乡着力激发群众内生动力。一是成立牧民文艺队。依托"阿达拉姆"古城遗址优势资源，公开招聘有意愿、有一定文艺功底的30名青年组建"阿达拉姆"文艺队。通过挖掘传统文化和乡村原生态元素，围绕爱党爱国、孝亲友邻、敬老爱幼等主题进行创作，以群众喜闻乐见的表演形式予以宣传和弘扬正能量，形成了"政府主导、牧民参与、社会扶持"发展模式。下一步，乡党委、政府将打造"阿达拉姆"文艺队青川边界上的"文艺轻骑兵"品牌，通过文艺的形式转变群众思想观念、拓宽发展思维、激发内生动力。二是建立西北民院科创基地。乡党委、政府同西北民族大学格萨尔研究院建立田野调查实习基地，并被正式授牌为"西北民族大学格萨尔研究院科创基地"。今后，研究院将以调查实习、聘请师资开展地区培

训、项目合作、科研活动相结合的方式，传承和发扬格萨尔文化，并每年在各大期刊上宣传和报道阿达拉姆以及相关文化遗址，以此挖掘本乡民俗文化和节庆文化资源，拓展桑日麻乡产业品牌文化。

三、资产收益助脱贫、村集体经济效益带增收

在不改变用途的情况下，财政专项扶贫资金和其他涉农资金投入设施农牧业、养殖、光伏、水电、乡村旅游等项目形成资产，具备条件的可折股量化给贫困村和贫困户。这是精准扶贫机制的重大创新。一是创新了财政涉农资金供给和使用机制，提升了资金使用效益。通过实施资产收益扶贫，主要受益对象从特定范围扩大到更多群众，企业、牧民专业合作社等与村集体、牧户民主协商，自愿成为资产收益扶贫项目实施主体，明确各方的权、责、利，有助于吸引具备较强经营能力的实施主体参与当地产业发展，提高财政涉农资金使用效益。二是丰富了对无劳动能力或弱劳动能力贫困户的精准扶持措施。资产收益扶贫不仅让无劳动能力或弱劳动能力的贫困人口分享财政支持产业发展带来的红利，而且在收益分配时优先保障其收益，弥补了脱贫攻坚的薄弱环节。三是密切了贫困群众与产业发展的利益联结机制，强化了产业发展的辐射带动作用。在以往扶贫工作中，政府通过补贴、补助等形式，支持贫困地区产业发展和基础设施建设，但由于贫困人口大多缺乏技术和技能，从项目中受益较少。资产收益扶贫将财政投入形成的资产量化折股，配置给贫困户，实现了精准到户到人的目标。除直接分享红利外，当地群众还可以土地入股形式获得地租，有劳动能力的可以就近通过产业项目务工获得劳务收入。四是拓宽了贫困村集体经济收入来源，支持发展壮大贫困村集体经济。各地在推进资产收益扶贫时，以村集体经济组织、合作社为纽带，将部分资产收益权配置给村集体，既降低了资产收益扶贫项目中的沟通成本，又拓宽了贫困村集体经济收入来源，扶持壮大了贫困村集体经济。

1.资产收益脱贫成效

窝赛乡资产收益脱贫成效。2019年依隆村入股西宁果洛大酒店资产收益43478元；建材市场资产分红30000元，3个村分别增收10000元；2020年康巴村、直却村村集体经济资金入股（玛沁县雪域格桑花土特产有限责任公司）龙头企业新模式，实现每村分红100000元；2019年到户产业项目（县精准扶贫商贸旅游产业园）资产收益443440元，使康巴村、直却村、依隆村183户725名建档立卡贫困户人均增收611.64元。2020年到户产业项目资产96万元，用于购买奶牛，年收益户均400元。

特合土乡资产收益脱贫成效。一是将180户一般贫困户722人，每人到户产业资金6400元，共计462.08万元入股达日县扶贫二期产业园，2019年共计分红44.1605万元，其中夏曲村二期产业园分红154133.61元；科曲村二期产业园分红141900.77元；扣压村二期产业园分红145570.62元。2020年针对未享受到户产业资金的47户139人，每人下发到户产业资金6400元，共计88900万元。扣压村、夏曲村将到户产业资金入股果洛州金青稞生态科技发展有限公司。科曲村用于购牛壮大生态畜牧业合作社。二是合作社带动产业发展。依托合作社带动作用，夏曲村投资150万元，科曲村和扣压村各投资250万元用于三个村开展生态畜牧业牦奶牛养殖基地项目，整合无牲畜牧户的草场，按照自筹1∶1的比例购牛，通过统一购买牦奶牛进行股份制集中养殖，一年实现收益分红。三是州扶贫局提供的50万元扶贫产业资金，投资于果洛州金青稞生态科技发展有限公司，此项目已签约，于2020年按照投资总额的10%进行分红。四是2020年拨付的每人后续扶持资金6400元，夏曲村63人40.32万元，扣压村31人19.84万元，共计60.16万元，两村将全部资金入股果洛州金青稞生态科技发展有限责任公司，按协议年分红10%，人均分红640元；科曲村45人，共计28.8万元，入股科曲村生态畜牧业合作社，人均分红640元。夏曲村500万元入股2016年州级实施的果洛大酒店产业，此项目由州级统一实施，产生的收益由夏曲村召开村民大会根据牧户贫困程度研究分红方案，2018年分红资金为4.3478万元。

建设乡资产收益脱贫成效。借力资产收益助推脱贫攻坚。每人6400元的到户产业资金入股达日县精准扶贫商贸旅游产业园收益明显，为全乡220户脱贫户增加家庭收入达51.1334万元。

吉迈镇资产收益脱贫成效。2016年中国普天集团在吉迈镇投资118.86万元、到户资金80万元，修建了扶贫联社蔬菜大棚和龙才村蔬菜大棚10个，收益户43户120人。2016年投资424万元修建了吉迈镇龙才村旅游项目，项目于2017年签订租赁合同，年租金30万元，分红20万元，龙才村建档立卡贫困户49户121人受益。上海市奉贤区青村镇为吉迈镇每年提供帮扶资金30万元，为期3年，投入至龙才村产业园二期民族服装厂项目和奶站项目，受益28户125人。2018年中国普天集团投入对口扶贫资金45万元实施了龙才村饲草基地项目，当年种植生牧草500亩，受益群众178户。

2. 村集体经济效益带增收

达日县扶贫光伏电站项目、扶贫建材市场、果洛大酒店等村集体经济发展成效明显。2019年扶贫光伏电站项目收益3.653万元，扶贫建材市场收益3万元，果洛大酒店收益43500元，为42户脱贫户增收3.336万元；2020年光伏电站项目收益73万元，并以光伏电站项目部分收益开发公益性岗位71名，其中贫困村沙日纳村41名，3个非贫困村各10名（海南光伏）。完成县扶贫局补短板资金对4个村各开发公益性岗位1名。

下红科乡整合每个贫困村集体经济100万元，实施13个贫困村6.5兆瓦光伏扶贫项目；下红科乡色隆村、哲格村村集体经济投入200万元分别入股果洛州雪域珍宝有限责任公司。2019年各收益10万元，各村设置了环卫队，两村共设置10名；2020年各收益5.8333万元。达孜、那尼两村截至2020年共投入资金410万元，2019年各收益35630元，其中设置了4个公益性岗位；2020年达孜村、那尼村光伏项目收益51.69万元，按照比例结合易地搬迁一户一岗需求，两村用收益设立了50个公益性岗位（其中长期性岗位13个、临时性岗位37个）；达孜村扶贫超市出租收益20万元，按照困难程度对14户每户分红800元，对72户每户分红550元，对120户每户分红406元，对1户分红480元；下红科乡扶贫建材市场收益3万元用于设立3名公益性岗位；那尼村入股果洛大酒店2018年收益4.3478万元，按照贫困程度差异化分配给下红科乡那尼村252户牧民；2020年上级下拨下红科乡4村每村1万元共4万元的补短板资金，按照相关要求各村设置1个公益性岗位。

依隆村集体经济资金入股扶贫光伏电站，预计年收益51.69万元，年收益的80%用于开发公益性岗位，开发公益性岗位34个，年人均报酬10000余元。

特合土乡各村积极发展村集体经济产业，其中夏曲村村集体经济总投资306.6万元入股果洛州光伏扶贫电站，项目建设地点为玛沁县，2019年实现收益3.56万元，其中聘请公益性岗位2人，2020年收益51万元，已下拨43.64万元，其中聘请公益性岗位32人；科曲村发展村集体经济资金100万元，70万元用于购牛，进行分散养殖，30万元用于建设商铺，2019年底实现收益7万元，其中聘请公益性岗位1人，2020年收益10.5万元（其中牦牛养殖收益7万元；商铺收益3.5万元），其中聘请公益性岗位9人；扣压村发展村集体经济资金100万元，60.2万元用于购牛，39.8万元用于养殖基础设施建设，2019年底实现收益3万元，其中聘请公益性岗位1人，2020年实现收益13万元，其中聘请公益性岗位5人。

桑日麻乡四个村村集体经济全部"破零"，并向好稳步发展。2018年以来，非贫困村集体经济有向阳村虫草加工、汽配城、前进村啤酒厂、东风村加油站，五年共计投资专项资金300万元（2018年120万元，2019年180万元），并全部完成支出，五年累计受益村数14个，累计受益473户，累计受益1648人；贫困村村集体经济为红旗村光伏电站，五年内共计投资专项资金100万元，五年累计受益村数3个，累计受益120户，累计受益140人；红旗村宾馆，五年来投资80万元进行宾馆内部装修；2019年新建桑日麻乡石刻艺术厂房及购买设备共计投入中央定点单位帮扶资金20万元，目前已完工，还未运行；2019年建设红旗村生态畜牧业奶牛养殖基地，共计投入涉农整合资金200万元，完成资金使用33.5839万元；2020年新建村史馆，共投入资金3.7万元。

莫坝乡把发展村集体经济作为重点，投入150万元培育赛尔钦村村集体经济扶贫产业，建立了生态畜牧业合作社，牧民入股牲畜271头，购买255头牦牛，惠及牧民群众236户850人，实现了赛尔钦村贫困村集体经济"破零"。与此同时，积极推行"530"小额贷款，加大政策宣传和资金管控，共发放"530"小额贷款109笔215万元，带动109户392人的贫困群众实现增收。赛尔钦村投入生产发展互助资金50万元，注册成立了互助协会，所有一般贫困户均入会，25户90人贫困户实现增收。2018年投资100万元实施了萨尔根村饲草基地建设项目，该村收益6000元。莫坝乡资产收益主要包括村集体经济项目收益（乃琼小区商铺出租、果洛州世纪华联超市、光伏电站扶贫）与入股达日县二期产业园（到户产业资金）和达日县一期产业园（建材市场）收益以及入股果洛州雪域珍宝有限责任公司收益。赛尔钦村投入生产发展互助资金50万元，注册成立了互助协会，所有一般贫困户均入会，25户90人实现增收。2018年投资100万元实施了萨尔根村饲草基地建设项目，使该村收益6000元。产业全部延伸到贫困户的草场地角，更加完善了一村一品、一户一业的产业格局，确保贫困户脱贫有产业支撑，发展致富不掉链子。

德昂乡村集体经济项目实施情况。一是德昂乡非贫困村为唐什加村，共下达非贫困村扶贫扶持资金100万元。为推动发展非贫困村集体经济专门成立了村级领导机构，细化分解任务，经召开村民大会，会议表决决定入股果洛州雪域珍宝有限责任公司，对收益资金按照40%用于壮大村集体经济，60%用于解决公益性岗位进行分配。二是下达贫困村集体经济扶贫扶持资金各100万元，经召开村民大会，通过会议，两村贫困户同意入股光伏电站建设项目，受益户覆盖两村全体牧民（459户2055人），经召开村民大会，两村全体牧户同意将分红资金纳入村集体经济中；莫日合村入股500万元至果洛大酒店项目进行分红，受益户为全村牧户（249户1043人），户均分红110元至205元。三是扶贫建材市场分红3万元，所得分红皆用于解决贫困户公益性岗位。

第二节　就业扶贫

一、总体情况

达日县牧民群众受教育程度普遍偏低，劳动技能水平低下，就业竞争力弱，外出务工意识淡薄。居民可支配收入构成中，工资性收入占比甚微。为解决上述问题，达日县委、县政府严格遵循"精准帮扶、分类施策"的基本原则，积极为各乡镇重点贫困村开发精准扶贫公益性岗位，2016年至2020年，人社部门共开发142个公益性岗位，力求做到"开发一人，脱贫一户"，通过安排草原、林业管护等岗位累计安置2052人。

为做好就业扶贫工作，人社部门积极开展短期技能培训工作，2016年至2020年累计培训4161余人，12名劳动力成功入沪实现劳务输出。2018年，达日县成立了贫困劳动力就业培训指导中心。培训中心依照县域内和周边区域企事业单位用工需求，设置了酒店客房服务、汽车维修、保洁、安保等课程，2019年新增设了电梯维护、美容美发等热门课程。为提升学员的实际操作能力，由经验丰富的培训老师一对一、手把手带学生实际操作。自培训中心成立以来共整合投入培训资金510万元，培训贫困劳动力732人，转移就业480人，就业人员人均月工资3000元，全面提高了建档立卡贫困人口的自我发展和就业、创业能力。通过开展"订单式"培训，贫困人口就业增收成效明显，达到"就业一人、脱贫一家"的目标。

达日县坚持物质脱贫和精神脱贫相结合，依托新型职业农牧民培育工程，加强农村劳动力培训，转变群众思想观念，提高群众综合素质，开展围绕畜牧养殖、特色畜牧业等主导产业技术推广的相关培训，采取"进村入社、联户结对、实地办公、赴外培训"等方式，增强培训的针对性、实用性和实效性，全面提高牧民科技致富能力。不断加大精准扶持和培训力度，对具有劳动能力并愿意学习技能的搬迁人口开展集中培训，对有创业意愿的人员进行有针对性的项目创业扶持，切实增强移民搬迁户的创业技能和致富本领。安排公益性岗位稳增收。积极落实生态和公益扶贫政策，共为搬迁户安排公益性岗位1676名，人均月工资1800元，解决搬迁群众后顾之忧，实现稳定增收脱贫。

二、政策措施

（一）开展技能培训，提高转移就业能力

一是整合培训资源。将人社部门实施的城乡劳动力技能促就业计划、农牧部门开展的新型职业农牧民培育、扶贫开发部门实施的"雨露计划"等，统筹纳入当地贫困劳动力培训计划，整合各类培训项目，根据贫困劳动力培训意愿和市场需求，分类分层开展职业技能培训。二是提高培训精准性。鼓励开展劳务经纪人和致富带头人培训，使其带领更多贫困家庭劳动力脱贫致富。一产培训力争使贫困家庭劳动力能掌握1—2项农牧业生产技术，提高生产效率；二三产就业技能培训合格率达到90%，培训后当期就业率不低于70%。三是落实培训政策。贫困地区就业困难人员，培训期间每人每天给予20元的生活费补贴；企业采取校企合作等方式开展劳动预备制培训的，培训1—2年的按物价部门确定的年学费标准给予企业或培训机构1年的培训补贴等各项培训政策，实现培训与就业的有效衔接。四是加强绩效考评。严格执行培训质量监管、发放使用培训券、培训信息实名管理等制度，强化培训过程监管，确保培训质量和效果。

（二）多措并举，鼓励转移就业

鼓励企业吸纳就业，给予各项适度的补贴与奖励；加大转移就业力度，鼓励中介机构输送贫困劳动力就业；鼓励劳务经纪人带动贫困劳动力转移就业；做大劳务品牌，充分发挥地方主导产业吸纳贫困劳动力就业的作用，扶持发展带动当地劳动力转移就业能力强的特色产业，支持有条件的地方建设扶贫产业园，促进贫困家庭劳动力有序转移就业；大力开展劳务品牌宣传，扩大品牌效应，提高转移就业的质量和水平；强化能人带动，支持牧民工、大学生和退役士兵等人员返乡创业，发展农牧民专业合作社、家庭农牧场等新型经营主体；适度开发扶贫公益性岗位，加强用工岗位信息宣传对接工作，充分发挥基层就业服务平台的作用。

（三）加大扶持，鼓励创业脱贫

不仅要加大创业担保贷款扶持力度，贫困家庭劳动力自主创业的，单独给予不超过10万元的担保贷款。合伙经营的按照出资人人数累加，给予总额不超过100万元的担保贷款。创业担保贷款期限不超过3年，确需延期的，贷款人必须在贷款到期前1个月提出申请，展期期限不超过1年，展期不贴息。而且要充分发挥创业促就业扶持资金作用，对自主创业、取得营业执照并正常经营三个月以上的贫困家庭创业者，给予一次性创业补贴和奖励，同时给予创业培训和指导。

三、达日县就业扶贫所采取模式及具体做法

在转移就业及创造公益性岗位方面，下红科乡在2017年至2019年开展技能培训共计45人次；2020年县域内已完成8人的"雨露计划"短期技能培训，并按照上级要求分三批次赴省级层面进行致富带头人培训，培训人员累计100人；五年来设置生态管护员共94人，公益性岗位共80人，通过上级安排和本村集体经济收益设置，188户易地搬迁有劳力户均已实现一户一岗就业。

窝赛乡始终坚持"扶贫先扶智""培训一人、就业一人、脱贫一家"的思路，组织全乡建档立卡贫困户参加县级行业部门举办的挖掘机、餐饮服务、民族手工艺、家政服务、汽车驾驶等培训10余次，累计培训101人次，颁发技能证书101人，实现劳动力转移就业95人，其中公益性岗位有172个。

对有劳动能力但无技术的贫困人口，特合土乡通过整合扶贫"雨露计划"、劳动力就业培训等项目培训资源，有针对性地对中式烹饪、藏毯编制、汽车维修等实用技术进行学习培训，保证每个贫困户家中至少有1人掌握一门致富技能。积极为贫困人员提供技能培训，2015年挖掘机培训42人；2017年驾驶员培训8人、客房服务培训12人、汽修培训12人、驾照申请培训20人；2018年参加中式烹饪27人；2019年参加各类技能培训85余人。2020年各类培训参加人数达54人。2016年至2020年全乡累计开展牧区劳动力技能培训259人次，其中贫困劳动力技能培训194人次；劳动力累计转移就业252人，其中贫困劳动力转移就业185人，今后将继续按照贫困户就业转移及技能培训意愿争取和安排相关项目。

桑日麻乡开展培训就业扶贫，有序分批次组织有意愿的61人参加烹调、驾驶员、摩托车维修等短期技能培训且结业（其中：2017年27人，2018年4人，2019年30人）。按照国家脱贫标准，结合实际开发录用各类公益性岗位就业624名。从转变观念、自力更生的角度出发，在建档立卡贫困户中筛选15名青年组建乡环卫公司，以每人每年12000元的收入稳定实现转移就业。

莫坝乡加大劳动力转移就业，使其实现稳定自我脱贫。四年来，对全乡有意愿的贫困劳动力进行技能培训63人次（2017年13名、2018年20名、2019年30名）。各类公益性岗位就业190名，行政企事业单位公益性岗位安置16名。其他灵活性就业50人。

建设乡以转移就业来支持脱贫攻坚。为有就业意愿的贫困户争取6个公益性岗位，引导52名有劳动力的青年参加酒店客服、安保、驾驶员等技能培训，使其掌握一技之长，为脱贫致富奠定基础；建设乡发展壮大村集体经济，助力脱贫攻坚。一是沙日纳村吉祥生态园项目总投资163万元。该项目通过集体资产出租的方式年租金收入12万元，实现全乡率先"破零"，2020年1月沙日纳村为入股的46户161名建档立卡贫困户分红89999元，剩余30001元用于壮大村集体经济。二是测日哇村、达日龙村和长查村集体商铺2019年底租金收入均达到3万元，收益的一部分用于各村聘用的公益性岗位工资支出，剩余部分用于壮大村集体经济。

第三节　生态扶贫

一、总体情况

2016年以前达日县自然条件严酷，生态环境弱，鼠害猖獗，草场沙化、黑化严重，牧草生长环境恶劣，人居环境差，畜牧业发展基础薄弱。

自精准扶贫工作开展以来，达日县委、县政府坚持"生态保护优先"理念，大力实施黑土滩综合治理，全面开展生态环境保护；持续开展禁牧还草、生态植被恢复，良性推动有机生态畜牧业发展；强化环卫设施建设、增强保洁力量、大力开展环境卫生综合整治，发展城乡绿化，着力改善人居环境；开发生态管护公益性岗位，实行生态奖补机制，有效促进牧民增收。四年来，累计投入3.970625亿元，共完成黑土滩治理64.46万亩总投资9669万元；湿地保护项目建设规模为76万亩总投资1900万元；林业有害生物防控项目20万亩总投资100万元，草原有害生物防控项目总建设规模为405.45万亩总投资3134万元；退化草地改良生态修复退牧还草项目建设规模为2万亩1195万元；封山育林项目总建设规模为11万亩891万元；黑土坡治理项目总建设为3.5万亩3500万元；防治鼠虫害956.05万亩3569.25万元；投入5162万元新建垃圾处理场4处；开发草原、林业公益性岗位并安置2015名，发放草原生态奖补资金1.0586亿元，切实推动了"一优两高战略"在达日大地落地生根、开花结果。

二、具体做法

窝赛乡推行"绿水青山变金山银山"模式，继续落实草原生态补助奖励政策和生态管护补助机制，2015年至2019年累计安排建档立卡贫困户从事生态管护公益性岗位156个，年人均发放补助11600元至21600元。同时，针对建档立卡贫困户村内、乡内集中安置后生活垃圾成焦点的问题，乡党委、政府结合实际，在全乡3个行政村建档立卡贫困人口中自主择优聘用，组建成立有9名村级扶贫环卫人员的环卫队伍，兑现按天劳务人均150元，实现区域生活垃圾全面长效治理和贫困劳动力就地就近就业及稳定脱贫的"三赢"新常态。

在生态保护方面，特合土乡自开展生态扶贫项目以来，全乡2019年共计发放211.25万亩禁牧补助811.2万元、104.45万亩草畜平衡补助261.125万元。作为达日县唯一一个参与三江源自然保护区星星海试验区的乡镇，乡党委、政府一直以来把生态保护融入脱贫攻坚的全过程，设立了173名生态管护员岗位（其中建档立卡贫困户95名），77户每年享受草原管护劳务报酬21600元，18户每年享受10000元报酬，实现了就地就业。乡党委、政府同省环科院协商沟通，为夏曲村开展黑土滩种草治理项目，种草面积为2万亩，2019年实施13000亩，2020年实施了剩余的7000亩，为夏曲村传统畜牧产业发展奠定基础。生态扶贫拓宽增收渠道。在推动生态保护的同时，让生态管护岗位日渐成为贫困户稳定脱贫的重要抓手，并且通过对生态环境整治工作的常抓不懈，使环境整治工作成为持之以恒的长效行动，不仅乡村面貌焕然一新，牧民群众的环保意识也进一步提高，已形成全民重视、全民动员、全民支持生态环保工作的浓厚氛围。目前全乡逐步形成以生态保护巩固脱贫攻坚的"生态脱贫"之路。

莫坝乡强调生态保护和服务，始终把保护生态作为打赢脱贫攻坚战的生命线，正确处理保护生态和脱贫攻坚的关系。坚持做到脱贫攻坚与生态保护相结合，围绕农牧区环境整治三年提升计划、国土绿化行动、河长制等中心工作，积极协调对接农牧、环保等行业部门，实施生态保护项目工程，全乡禁牧和草畜平衡户298户，禁牧182.60万亩，草畜平衡面积93.1333万亩，2019年人均补偿草原生态保护资金3666元，林补24元。实施退牧还草休牧围栏42.04万亩；治理黑土滩1.1万亩、草原有害生物防控51.5万亩。

德昂乡坚持保护生态，绿色发展。牢固树立"绿水青山就是金山银山"的理念，脱贫巩固不能以牺牲生态为代价，把生态环境保护摆在更加重要和优先位置，探索生态致富新路子，让群众从生态建设与修复中得到更多实惠。建设乡落实生态补偿机制。将85名有劳力的贫困人口纳入生态管护员管理，实现生态环境保护和家庭增收"双赢"。

桑日麻乡加快推进生态环保扶贫。严格按照习近平总书记提出的"绿水青山就是金山银山"总要求，全面落实生态保护各项政策，依法依规足额发放重要脱贫支撑的到户草原生态奖补资金，2019年人均草补4039元，户均林补106元；实施生态保护种草项目4万亩。

下红科乡坚持保护生态，持续加强牧区环境整治工作，使垃圾、污水得到有效处理，村容村貌整洁有序，人居环境明显优化，达到村庄美、生活美的建设要求。

三、经验做法及典型案例

通过聘用生态管护员，有效增加牧民群众的政策性收入，这在很大程度上能够改善牧民群众的收入结构。牧民群众生产生活水平在进一步得以提高的同时，保护生态、建设生态的积极性也进一步加强。目前，牧民群众已稳步形成保护生态、维持草原生态平衡的意识，不断推进生态工程，改善生态环境。通过实施草原建设、林业建设等一系列三江源生态保护整治项目，推进生态环境不断完善，从而提升群众的生产生活环境质量。生态效益补偿管护工作的开展，生态畜牧业发展项目的实施和牧区劳动力培训的加强，群众综合素质进一步提升，群众靠自主创业、自主创新脱贫致富的积极性进一步激发，精准脱贫对象基本实现脱贫，生产生活困难得到有效解决，实现整体脱贫。

强化自身发展动力，做好牧草产业发展转型升级。2020年9月10日，达日县牧草产业经济发展工作启动仪式举行，这次启动仪式充分体现了达日县生态治理工作逐渐向牧草产业经济的转型升级，是以实际行动实践"习近平生态文明思想"的又一重要举措，标志着达日县牧草产业经济效益发展工作将迎来新的篇章，为今后牧草产业经济效益发展打下了坚实基础。这不仅是一项能够带动千家万户脱贫致富的好举措，而且对达日县发展牧草产业经济具有十分重要的意义。截至目前，全县共收割草籽34.93万公斤，草捆32910捆，总收益220.98万元。

加强城镇绿化造林，营造良好的人居环境。一是完成2019年封山育林续建项目3项，总投资为520万元，共封育管护7万亩，主要实施森林生态效益补偿基金、天然林资源工程二期森林管护、天然林资源保护等项目，已通过省、州级验收。二是完成2020年新建封山育林项目2项，总投资为700万元，共封育管护7万亩，主要实施达日县森林生态效益补偿基金封山育林、达日县天然林资源保护二期工程封山育林项目，已完成总工程量的100%。三是各乡镇完成维修9座森林管护防火物资储备库，已发放灭火弹135箱、割灌机9个、电动背负式喷雾器25台、防火服45套、自动灭火球27箱等多项物资。四是完成2019年森林病虫害防治及检疫3项，总投资为95万元，主要实施天然林资源保护工程林业有害生物（鼠害）防治项目、森林病虫害防治项目、森林病虫害检疫等3项，目前已完成总工程量的100%。

第四节 消费扶贫

一、总体情况

达日县贯彻落实国务院扶贫办等7部门联合发出的《关于开展消费扶贫行动的通知》（国开办发〔2020〕4号）和《青海省人民政府办公厅〈关于开展消费扶贫促进精准脱贫的实施意见〉》（青政办〔2019〕81号）等政策，号召全县各乡镇、机关企事业单位、机关干部和社会爱心人士，为县贫困地区和贫困户推介和销售畜产品，帮助贫困人口脱贫增收，解决"售出"和"卖难"等问题，结合实际使消费脱贫成为助力脱贫攻坚的重要力量。

2016年，各部门协助达日县扶贫开发局申报达日县仓储物流园项目、达日县商贸旅游产业园宾馆建设项目等。同年完成了投资1430万元的村级综合服务中心项目和投资100万元的达日县供销联社建设项目。2017年，按期完成了上红科乡特根村、德昂乡康隆村综合服务中心项目的目标考核任务；完成了投资720万元的达日县下红科乡哈穷沟至那尼沟公路建设项目。2019年，实施了投资500万元的牧区电子商务工程项目，县电商中心建成运营初期，成功搭建平台开展特色营销，截至2019年12月18日，达日县电商中心交易总额达到10万余元。2020年，达日县实施投资1500万元的电子商务综合示范县项目，项目建成后能进一步完善电子商务县级服务中心、乡级服务站和村级服务点功能及配套设施。打通网购、缴费、电子结算和取送货等服务功能，普及电子商务应用，实现通过电子商务提高贫困户增收致富的能力。

电子商务及市场体系扶贫不断完善。自精准扶贫工作开展以来，县委、县政府大胆探索扶贫新路径、新模式，扎实开展了乡镇邮政物流配送全覆盖和电子商务扶贫专项行动。投资1.34亿元打造了精准扶贫商贸旅游产业园项目（已引进多家企业进驻，并举办了各类产业、特色商品展销会）；投资2500万元的兴林大厦物流货运中心项目已投入运营；投入500万元打造牧区电子商务和市场体系建设，建成县级电子商务服务中心1处，线上线下同步销售本土特色农畜产品。

达日县高度重视电商人才的培养。2016年，建成电子商务服务中心，13个贫困村建成电子商务综合服务点，开展各类电子商务人员培训20人次。2017年，开展各类电子商务人员培训40人次。2018年与2019年，分别开展各类电子商务人员培训20人次。

达日县搭建销售平台，促进牧民增收。2020年开展了以"扶贫攻坚 你我同行"为主题的消费扶贫周活动。现场设置了10个展区，9乡1镇积极参与，集中展示了达日县特色畜产品和消费扶贫产品，涵盖畜产品、畜禽肉类、中藏药材、特色产品、德昂洒智书法作品等50余种商品。用消费扶贫的方式巩固脱贫攻坚成果、提升脱贫攻坚质量，营造了"人人参与消费扶贫，人人支持消费扶贫，人人宣传消费扶贫"的良好社会氛围。此次活动，全县消费扶贫产品销售额达110.5万元，充分调动了贫困户依靠自身努力实现脱贫致富的积极性，增强了贫困户自我"造血"能力，保障了贫困户脱贫不返贫。

二、具体建设情况及相关政策

消费扶贫是社会各界通过消费来自贫困地区和贫困人口的产品与服务，帮助贫困人口增收脱贫的一种扶贫方式，是社会力量参与脱贫攻坚的重要途径。2020年是达日县脱贫攻坚收官之年，后续巩固任务繁重，全县各级各单位将消费扶贫作为帮助贫困群众实现持续增收、稳定脱贫、逐步致富的有效途径，高度重视、积极参与，为助力打赢脱贫攻坚战、推动乡村振兴战略做出了积极贡献。县委组织部将推动消费扶贫纳入机关企事业单位结对帮扶工作，将消费扶贫列为"双帮工作"重要事项。

（一）建立县乡村电子商务工作协调机制和网店服务体系

建立电商扶贫工作机构，负责电商扶贫的政策制定、协调指导、工作推进等。建立和完善电子商务县级服务中心、乡级服务站和村级服务点功能及配套设施。加快贫困村商业网点信息化改造，完善网购、缴费、电子结算和取送货等服务功能。依托国家、省级电子商务示范基地和各地电商产业园、创业孵化园，为网商提供创业孵化和专业化服务。

（二）加快基础设施和县、乡、村三级物流配送体系建设

加快贫困乡村公路、宽带网络建设，采取有线无线结合的办法，扩大网络覆盖面。建立完善县、乡、村三级物流配送体系，鼓励快递企业"向西向下"延伸服务网络，通过物流补贴、项目支持等方式，鼓励和扶持包括邮政、供销、商贸流通、第三方物流和本地物流等企业在贫困乡村建立快递服务点，开展集中收购、集中配送，服务工业品下乡和农产品进城，提高网货配送效率，促进牧区电子商务发展。

（三）加快农村网店和网络品牌培育

依托青海省扶贫攻坚大数据平台为牧民提供先进的生产技术方案和精准的市场供求信息，进一步提升贫困户运用电子商务创业增收的能力。因地制宜、因户施策，采取资源投入、市场对接、政策支持、提供服务等多种方法，帮助贫困户开办网店。对暂不具备开办网店条件的贫困户，鼓励其在县服务中心开设的扶贫网店，代销畜牧产品，带动贫困地区人口创业和就业。按照"一县一业""一乡一品"的原则，大力发展特色产业，大力培育1个电商龙头企业，畅通"工业品下乡"和"农产品进城"双向流通渠道。积极推进阿里巴巴集团、京东集团和苏宁云商等"农村电商"计划的落地，利用国内第三方大平台提升电商扶贫质量水平。

（四）加强金融服务支撑

金融部门将电商扶贫纳入扶贫小额信贷支持范围，对开办网店、从事网货生产销售的贫困户和带动贫困户生产销售网货产品、带动效果明显（以销售贫困户产品为主）的企业和网店三年以内的小额信贷，财政给予贴息补助。鼓励金融机构在贫困乡镇设立服务网点，村设立金融服务代办点，改善农村金融服务条件。对农村贫困家庭开设网店给予网络资费补助、小额信贷等支持。

（五）加强贫困地区电商人才培育

以精准扶贫为抓手，组织电子商务企业、各类培训机构和协会，对县乡村、企业、合作社、牧民等进行电子商务相关政策、运营管理、实际操作等方面的培训。在电子商务示范基地、产业园区建立专业电子商务人才培训基地和师资队伍，努力培养一批既懂理论又懂专业、会经营网店的电商经纪人，以点带面，带动牧区青年、返乡大学生、退伍军人等创业就业，实现脱贫致富。

（六）加快商品交易市场建设

坚持规划先行、分类指导、突出重点、注重实效的原则，"十三五"期间，分期分批新建和改造各类专业性和综合性商品交易市场，重点对市场交易场所、冷藏保鲜、冷链物流、卫生、安全、服务等基础设施进行建设和改造，提高商品交易市场的整体形象和营销水平。

第四章　民生保障

第一节　教育扶贫

一、义务教育基本情况、背景

自精准扶贫工作开展以来，达日县委、县政府高度重视教育扶贫，建立健全教育经费投入保障机制，全面改善薄弱学校办学条件，不断加强教师队伍建设，落实学生奖补政策，切实解决了以往入学积极性不高、贫困学生就学无保障、教学设施落后等问题，有效改善了教学环境，阻断了贫困代际传递。

2016年至2020年，全县共投入3.074211亿元，其中投入2.0128亿元覆盖9乡1镇13所中小学和12所幼儿园，并已全面完成标准化学校建设工作，彻底解决了达日县各级各类学校基础设施短板，顺利通过了国家义务教育均衡发展验收；落实义务教育阶段学生营养餐资金1806.1万元、学生生活补助资金3825.5万元、学生公用经费资金2966.2万元、学前补助资金1151.86万元。

异地办班初中、高中、中职、专本科共计受助学生人数1725人次，受助资金636.35万元，中职、专本科生"雨露计划"补助550人次333.8万元，边缘贫困生补助284人次85.2万元；通过公开招聘、特岗计划、顶岗支教和引进高层次人才，通过全省统一考试，招录专任教师53名、县政府通过购买教育的方式共招录幼教10名、同工同酬50名（音体美专业教师20名），公开招聘政府购买学前教育岗位30名。

二、实施情况

达日县2017年财政投入教育资金1.09亿元；2018年财政投入教育资金1.81亿元；2019年财政投入教育资金22150.63万元，2020年财政投入教育资金15230.38万元。

2016年度共资助453名学生，其中三江源一次性奖补100名，州级贫困生补助30名，县级贫困生补助101名，异地办班高中74名，异地办班初中68名，中职61名，雅居乐19名，共资助资金172.29万元。

2017年度共资助489名学生，其中三江源一次性奖补65名，州级贫困生补助30名，县级贫困生补助84名，异地办班高中105名，异地办班初中121名，中职84名，共资助资金205.9万元。

2018年度共资助578名学生，其中三江源一次性奖补71名，州级贫困生补助38名，县级贫困生补助55名，异地办班高中131名，异地办班初中199名，中职79名，青海银行大学生补助5名，共资助资金259.76万元。

2019年度共资助790名学生，其中三江源一次性奖补151名，州级贫困生补助38名，县级贫困生补助95名，异地办班高中123名，异地办班初中228名，中职150名，青海银行大学生补助5名，共资助资金318.8万元。

三、义务教育脱贫攻坚成效

2016年7—15周岁学龄儿童少年6663人，入学人数合计4561人、佐证核减638人，共计5199人，入学率78.03%；2017年7—15周岁学龄儿童少年7004人，入学人数合计4826人、佐证核减713人，共计5539人，入学率79.08%；2018年7—15周岁学龄儿童少年7382人，入学人数合计6665人、佐证核减717人，共计7382人，入学率100%；2019年7—15周岁学龄儿童少年8086人，入学人数合计7368人、佐证核减718人，共计8086人，入学率100%；2020年7—15周岁学龄儿童少年7810人，入学人数合计7655人、佐证核减155人，共计7810人，入学率100%。2016年九年义务教育巩固率95%，2017年九年义务教育巩固率95.5%，2018年九年义务教育巩固率95.65%，2019年九年义务教育巩固率95.78%，2020年九年义务教育巩固率96.20%。

第二节　基本医疗

一、基本医疗基本情况、背景

2016年以前，达日县医疗卫生资源紧缺、设施落后，医疗水平低，公共卫生服务能力弱，各类病症发病率高，治愈慢，治疗成本高，因病致贫较为普遍。

自精准扶贫工作开展以来，达日县委、县政府扎实开展医疗卫生扶贫专项行动，不断完善医疗卫生体系，累计投入3059万元，加强医疗卫生软硬件建设，拓展公共卫生服务范围，让全县居民享受到均等、优质、完善的医疗卫生服务，切实解决了看病难的问题。

全县投入2245万元，完成了县人民医院医技楼、疾控中心标准化实验室、藏医院门诊药浴楼的建设项目，投入814万元解决33个行政村的标准化村级卫生室，培养村医64人，全部持证上岗，实现医疗卫生机构全覆盖，切实为牧民群众提供了医疗卫生保障。

二、实施情况

达日县积极开展城乡居民医疗保险宣传、信息核对和办理工作，贫困户基本医疗保险、大病保险、医疗救助覆盖率达到100%。

三、基本医疗脱贫攻坚成效

核查33个行政村和易地搬迁集中安置点的标准化卫生室和卫生技术人员建设情况，全面提升改善医疗卫生薄弱环节基础设施条件，提升医疗卫生服务能力，有效解决因病致贫返贫问题。

坚持"保基本、兜底线"的基本原则，全面落实全县贫困人口"先住院后结算"政策，取消定点医疗机构入院预付金，确保贫困人口住院政策范围内医疗费用报销比例达90%以上，切实减轻贫困人口就医负担。

切实做实做细贫困人口"双签约"服务，确保有1名家庭医生签约提供医疗服务，有1名乡村干部签约提供健康扶贫政策宣讲和医疗保险、大病保险、民政救助等代报代办服务，做到签约一人、履约一人、做实一人；实现全县贫困人口家庭医生签约服务和慢性病签约服务管理全覆盖。

达日县深入推进"六减"健康扶贫措施，推行"一单式"结算服务，贫困户医疗报销比例达90%以上，建档立卡贫困户家庭医生签约服务覆盖率达100%，履约率达95%。

果洛州各级医疗机构全面实行贫困患者"六减免四优先十覆盖"政策，共减免费用41.3万元；建档立卡贫困户实现家庭医生签约12929户，签约率达100%。全州188个行政村全部建成并使用标准化卫生室。全面推行先诊疗后付费和"一站式"结算，让贫困群众真正享受到了最便捷的服务。

第三节　住房安全

一、住房安全基本情况、背景

2016年以前，达日县牧民群众居住分散，大量贫困群众住房简陋，部分牧民群众甚至无房，受水、电、路等基础设施配套的影响，牧民群众对发展生产、脱贫致富严重缺乏信心和动力。2016年至2019年达日县共实施危房改造3500户，总投资11910万元，历年危房改造任务已全部完成。

自精准扶贫工作开展以来，达日县委、县政府因地制宜，对"一方水土养不起一方人"地区的群众，实施了易地扶贫搬迁的重大举措。克服建设工期短、配套保障任务重、后续产业保障难等诸多困难，共投入3.92亿元，建设新的易地扶贫搬迁安置点11处，搬迁1960户7979人，涉及9乡1镇33个行政村。县城易地扶贫搬迁集中安置点建设两个社区综合服务中心，搬迁户由社区统一进行管理。通过易地扶贫搬迁，切实解决了牧民群众住房安全无保障、吃水难、用电难、行路难、上学难、通信难等实际问题，极大方便了搬迁户的衣食住行等问题，尤其增强了贫困群众提升和创造幸福生活的信心和决心。

同时，强化搬迁群众的后续产业发展和就业保障工作，通过草场整合、牲畜入股，技能培训＋劳务输出、就近就地就业、公益性岗位就业、产业扶持等方式彻底解决搬迁户后续发展和收入保障问题，切实做到了"搬得出、稳得住、能致富"。

二、实施情况

达日县严格按照安全住房标准，对全县2620户建档立卡贫困户房屋进行了安全鉴定。

达日县全县2620户建档立卡贫困户均有安全住房；开展安全住房专项行动，投资834万元实施49户边缘贫困户巩固提升工程；投资838万元实施419户农牧民居住条件改善工程。

通过"拉网式"排查，已交付使用的易地搬迁安置住房入住率能够达到100%，对尚未搬迁的建档立卡贫困户进行详细的询问及引导，并尽快引导其搬迁入住。

三、住房安全脱贫攻坚成效

为使搬迁户搬得出、稳得住、能致富，达日县规划实施了扶贫产业园项目，易地搬迁户不仅可以把产业到户资金以资本入股的形式注入产业园，实现资产收益分红，还可参加技能培训入园就业。

达日县还不断加大精准扶持和培训力度，对具有劳动能力并愿意学习技能的搬迁人口开展集中培训，对有创业意愿的人员进行有针对性的项目创业扶持，切实增强移民搬迁户的创业技能和致富本领。

第四节　饮水安全

一、饮水安全基本情况、背景

2016年以前，达日县普遍存在供水保证率低、居住地离水源远、生产生活用水难等突出问题，饮水安全困难是长期以来制约达日县牧民群众改善生活、发展经济的一大瓶颈。

自精准扶贫工作开展以来，县委、县政府扎实开展了水利扶贫专项行动，达日县2016年至2019年实施了达日县农村牧区饮水安全巩固提升工程，总投资6913.49万元，其中建档立卡贫困户饮水安全巩固提升工程投资4913.49万元，完成了1087眼小口机井的建设任务，解决了10乡镇33个村共计2660户9830人的建档立卡贫困户饮水安全问题。为了达到饮水安全的全覆盖，县政府自筹2000万元于2019年12月底前解决1654户8372人非建档立卡贫困户饮水问题，完成了1116眼小口机井的建设任务和水质监测工作，牧民群众的饮水安全得到保障。

达日县通过《安全饮水设施养护管理办法》等方案办法，建立健全脱贫攻坚长效机制，持续巩固提升脱贫攻坚成果。贫困人口饮水安全全面达标，农村供水率达100%。投入6913万元，新建安全水井2083眼，通过建设安全饮水工程，贫困村及贫困人口的饮水安全率达100%，饮水普及率达100%，水质达标率达100%。

二、实施情况

达日县贫困人口饮水安全全面达标，农村供水率达100%。

三、饮水安全脱贫攻坚成效

达日县通过建设安全饮水工程，贫困村及贫困人口的饮水安全率达100%，饮水普及率达100%，水质达标率达100%。推行全县水质一年一检测。

青海省自定饮水的评价标准细则，年内完成建档立卡贫困户水质安全情况统计表，及全县各乡镇、行政村和易地搬迁集中安置点饮水安全和水质监测相关文件资料（全县安全饮水报告，做到一户一报告制度，年内必须在水利部备案）。

全力巩固安全饮水工作成效。2020年，依据《农村饮水安全评价准则》，达日县组织对全县农村牧区饮水安全工程开展了2次督导检查，其间达日县对发现的问题要求各县立查立改，确保达到标准要求。

第五节　道路交通

一、道路交通基本情况、背景

2016年以前，达日县乡村道路密度低，通车里程少，村级道路通畅率低，原有乡村道路抗灾害能力低，严重影响了牧民群众的生产生活，阻碍了经济的有效发展。

自精准扶贫工作开展以来，达日县委、县政府高度重视交通扶贫专项行动，共计投入2.63亿元，修建道路1371公里，全县10344户37305人受益，其中有精准扶贫建制村通畅、连通沙路，自然村道路、通寺院公路、窄路拓宽，易地搬迁安置点配套道路、农村公路建设项目（以工代赈），整合其他涉农资金修建桥梁工程9座，新建汽车客运站1处，易地扶贫搬迁集中安置点已全部通硬化路，行政村公路通达率100%，通畅率100%，打通了通村公路"最后一公里"。

达日县贫困村道路通畅、安全饮水、生产生活用电全面达标。全县坚持以《达日县脱贫攻坚巩固提升方案》为引领，统筹整合使用财政涉农资金，加快推进牧区道路、饮水、电力、村级卫生室、村级综合办公服务中心等基础设施和公共服务设施提升项目，全方位优化牧区面貌，改善牧区生产生活基础条件，推进城乡一体化发展。

二、实施情况

2016年至2020年，达日县共下达农村公路建设项目104个，项目总里程1483.495公里，建设桥梁10座，总投资4.753亿元。

通过积极努力主动作为，达日县行政村通畅率已达100%，辐射受益人口约达到38000人，其中建档立卡贫困户约10726人；98个自然村，现已通达27个，通达率27.6%，辐射受益人口约达到3400人，其中建档立卡贫困户约952人；全县寺院道路已全部通达；达日县境内2条国道共223.64公里，县城所在地吉迈镇、窝赛乡、满掌乡、建设乡和桑日麻乡成为首批通二级及以上公路的乡镇。

三、道路交通脱贫攻坚成效

脱贫攻坚期间，达日县全面完成通村道路建设。全县交通基本需求得到保障，群众看病、就业、教育更加便捷。

第六节　电力保障

一、电力保障基本情况、背景

2016年以前，达日县电网覆盖率低，供电设备陈旧、线路老化，故障频发，大部分牧民群众以家用太阳能光伏板取电。用电困难，严重影响着牧民群众的生产生活，制约着社会经济发展。

自精准扶贫工作开展以来，县委、县政府扎实开展电力扶贫专项行动，根据实际情况，多次通过实地考察、调研，充分掌握和了解当地的用电需求，制定可研报告，提交申报扶贫通电项目，为达日县易地搬迁等配套工程提供安全可靠的电力供应。2016年至2019年累计投资4.425亿元，先后争取电网投资项目46项，新建及改造10千伏及0.4千伏电网线路1260公里，新建及改造台区175个，安装变压器175台，新增容量4.009万千伏安，实际解决全县范围内7481户用电问题，实现了9乡1镇电网全覆盖，保障了33个行政村共计10688位客户用上高质量、高可靠、高安全的绿色清洁能源，为达日地区脱贫攻坚工作做出了应有贡献。

截至2019年底"三区三州"最后3个无电乡通电，实现了9乡1镇电网全覆盖。通信部门投入5800万元新建45处通信基站，33个行政村实现了通宽带和手机信号。

二、实施情况

达日县10千伏及0.4千伏电网新建及延伸1260公里，解决全县范围内的牧民用电问题。

三、电力保障脱贫攻坚成效

达日县累计投资4.245亿元，截至2019年底"三区三州"最后3个无电乡通电，实现了9乡1镇电网全覆盖。

行政村和易地搬迁集中安置点实现动力电基础设施全覆盖，电压合格率达到100%，户均配变容量不低于2千伏安。

第七节　网络通信

一、网络通信基本情况、背景

2016年以前，达日县网络通信基站较少，网络运载能力差，无限网络覆盖率低、深度浅、盲区多，宽带渗透率低。网络基础设施建设滞后，严重影响着牧民群众的生产生活，制约着社会经济发展。

自精准扶贫工作开展以来，达日县委、县政府高度重视通信建设，开展了通信扶贫专项行动，总投资5800万元，实施第三批和第四批普遍服务项目，新建45处通信基站，受益2500户13000人，对行政村委及周边住户进行全覆盖，易地扶贫搬迁集中安置点已完成网络全覆盖。百兆宽带已到达33个行政村党员活动室，覆盖率达到100%。

二、实施情况

达日县33个行政村实现了通宽带和手机信号。

三、网络通信脱贫攻坚成效

达日县加快推进光纤网络村村通工程，贫困地区无线网络覆盖率达到100%。扎实推进广播电视户户通工程，广播电视综合人口覆盖率达到100%。

达日县贫困户基本公共服务享有程度有效提升。牵头负责开展实施教育信息化2.0行动计划，加强学校网络教学环境建设，搭建全县全程网络教学平台，实现所有中小学和教学点宽带网络和"班班通"全覆盖，共享优质教育资源，有效提高教师信息化教学水平。

第八节　民政救助

一、民政救助基本情况、背景

自脱贫攻坚工作开展以来，达日县民政工作严格按照"应保尽保、按标施保、动态管理、应退则退"的原则，不断在救助对象的"精准"力度上下功夫，确保所有符合条件的困难群众及时享受民政兜底保障政策，充分发挥民政救助在兜底脱贫中的重要基础作用。同时在原有困难群众救助的工作基础上，积极推进支出型贫困家庭救助、事实上无人抚养儿童救助、农牧区困难老年人代养服务等一系列工作，不断加大临时救助、救急难等政策的救助力度，根据居民消费水平，及时发放临时价格补贴。多措并举将兜底保障的密网向老、弱、病、残、幼等特殊困难群体织牢、兜好，确保在打赢脱贫攻坚、迈向小康社会的道路上，不落一户、不落一人。

二、实施情况

达日县精准解决边缘户的特殊困难和实际问题，精准化解致贫风险。2016年以来，每年按照不低于10%的标准，提高全县农村低保保障水平。农村低保标准稳步提升至2020年的400元/人；五年来累计为全县农村低保对象发放保障资金1.2亿元，受益人数达8965户29672人；全面保障孤寡老人基本生活。特困供养对象基本生活保障金提高至2020年的13154.4元/人，累计为全县特困供养对象发放基本生活保障金1448.65万元，受益人数达1917人次；累计发放孤儿养育金579.56万元，受益人数达654人次；按照每年1800元/人的标准累计发放困难儿童基本生活保障金426.35万元，受益人数达1809人次。

同时为做好儿童关爱保护工作，达日县逐步建立了县、乡、村三级联动的儿童关爱保护体系，在乡人民政府、各村民委员会设立了儿童督导员、儿童主任，明确工作内容。达日县孤儿救助保护工作从单纯的生活保障向教育、康复、医疗和就业等方面延伸，特殊儿童福利服务实现从封闭型向开放型，救济型向福利型，单纯养育型向养育、康复和教育型转变，并建成达日县儿童福利院，设计床位数60余张。

五年来累计发放重度残疾人护理补贴、困难残疾人生活补贴556.77万元，受益人数达3228人次。累计发放临时救助资金2667.31万元，受益人数22785人次，有效发挥了临时救助惠民生、托底线、救急难、促稳定的作用。为保障好农牧区困难孤寡老人、留守老人的晚年生活，同时为有意愿服务老人的牧区劳力提供就业机会，按照日托500元/月、全托800元/月的标准，为尊老敬老、自愿为老人提供日常照料的邻里亲朋发放代养服务资金。五年来累计通过代养方式解决了347名农牧区困难老年人的日常生活问题，发放代养服务资金184.3万元。共计为5786人发放高龄补助资金758.03万元。

三、民政救助脱贫攻坚成效

进一步织牢民政兜底保障密网，全面做好精准脱贫巩固提升工作。着力规范社会救助资金使用管理，查处整治民政扶贫领域中可能存在的腐败和作风等问题，达到查治问题、规范流程、正风肃纪的目的。深入推进移风易俗工作，做好困难群众基本生活保障工作，维护了困难群众基本权益；全面提升社会福利机构服务水平，增强了集中供养群众的获得感、幸福感、安全感。

第九节　科技扶贫

一、科技扶贫基本情况、背景

2016年以前，达日县基本保持着传统型生产生活方式，生产技能原始简单，整体防灾、抗灾能力差，科技化程度低，发展迟缓。

自精准扶贫工作开展以来，达日县委、县政府扎实开展科技扶贫专项行动，创新实施了"三区科技人才支持计划"项目，为贫困群众培养实用人才探索出了一条"打基础、利长远"的新路子。该项目以新型农牧民培育、科技下乡为基础，为贫困户提供专业科技服务，提升贫困户生活质量。

达日县将继续加大科技下乡、教育培训、科普惠农等行动，提高牧区扶贫产业发展的科技含量和市场竞争力。加大外来专业技术人才的引进力度，加强对返乡牧民、本地科技人员、大学生村官、乡土人才等人群的科技培训；发挥高等院校、科研院所在人才、成果、基地等方面优势，加大对牧区定向生培养力度。

二、实施情况

2019年，达日县利用农牧民教育培训对各乡镇100人进行了技术指导，设定专业为牧草种植与加工和牦牛、藏羊高效养殖，培训对象主要是9乡1镇贫困牧民，采取藏语授课的方式，通过现场理论教学的培训方式，拟定的课程适合达日县实际，具有实用性和指导性。通过学习培训使贫困牧民了解现代牦牛、藏羊高效养殖的方法，牲畜常见地方疾病，掌握简单易学的技术，提高技能，拓宽养殖增收渠道，为打赢脱贫攻坚战提供了强有力的支撑。

三、科技扶贫脱贫攻坚成效

积极引导省级牧业龙头企业与达日县合作，创建一批绿色食品、有机农畜产品原料标准化生产养殖集体，并通过自身发展壮大，与电商扶贫项目紧密结合，扩大畜产品销量，扩展畜牧业加工、物流等行业用人需求。

组织动物监察站工作人员，对贫困村干部和从事生产养殖类的贫困户集中开展技术培训，确保每个贫困户中有1名科技明白人。

第十节 文化扶贫

一、文化扶贫基本情况、背景

2016年以前，达日县乡村文化设施建设落后，牧民群众文化生活单一。精神生活的相对匮乏，使牧民群众思想观念转变慢，接受新生事物能力差，自我发展意识淡薄。

自精准扶贫工作开展以来，达日县委、县政府致力于改善牧民群众精神文化生活，扎实开展文化惠民专项行动。已建成33个村级综合文化服务中心，项目总投资1130万元。为了尽快发挥好村级综合文化服务中心的作用，争取资金62万元，并通过政府采购，配齐村级综合文化服务中心的基础配套设施，累计发放图书1190册、牧家书屋图书2178册，借助文化下乡文艺会演进行各类政策的宣讲工作，每年放映不少于310场次电影。村村通、户户通工程9乡1镇已覆盖完成，投资78.3万元，对9乡1镇"中央无线数字化覆盖工程"发射塔进行全面维护，辖区十座发射塔全部维护完成，现信号正常。

达日县继续支持壮大村集体经济，积极推动农村资源变资产、资金变股金、牧民变股东的集体产权制度改革，利用生态环境和人文历史等资源发展旅游文化产业，多渠道壮大村集体经济。

二、实施情况

达日县积极推动农村资源变资产、资金变股金、牧民变股东的集体产权制度改革，利用生态环境和人文历史等资源发展旅游文化产业，多渠道壮大村集体经济。

三、文化扶贫脱贫攻坚成效

脱贫攻坚期间，达日县投入文化专项资金1716万元，实施33个村级文化活动室及广播电视覆盖项目。通过开展文化下乡活动，以群众喜闻乐见的方式，将扶贫政策宣传到村、到户，改善贫困群众精神面貌。全县系统推行了年度精准扶贫脱贫攻坚工作计划，文化惠民专项扶贫实施方案，广播电视村村通、户户通等工程，以及乡级、村级文化室等文化阵地建设等项目。

　　达日县着眼于教育、医疗、住房、文化等基本公共服务，注重刚性要求与个性化需求的有效衔接，全县公共服务水平明显提升。

第五章 凝聚合力

第一节 东西部扶贫协作

一、基本情况、背景

20多年来，西部地区经济发展潜力得到极大释放，城乡居民收入大幅提高，基础设施条件显著改善，东西部发展的协调性进一步提高，区域产业之间的紧密性进一步增强，东西部人民交流日渐频繁。扶贫模式也由"救济式"向"互惠式"发生转变，随着国家区域经济协调发展总体战略的实施，以东部率先发展、东北老工业基地振兴、中部崛起和西部大开发为背景，东西部地区扶贫协作向互惠式阶段转变。东部地区的传统要素供给、产业转移和市场拓展需要西部地区承载，西部地区的现代要素供给、产业培育和政策创新需要东部地区帮扶。特别是丝绸之路经济带的建设，在促进我国东、中、西部和中西亚区域经济合作的同时，更为东西部地区扶贫协作的互惠化提供了契机和平台。其间涌现出了一批先进的扶贫协作经验做法，如"苏青合作"模式，江苏和青海双方坚持以产业扶贫协作为关键，着重激发内生动力，探索建立了联席推进、结对帮扶、产业带动、互学互助、社会参与的东西部扶贫协作机制。

自1996年以来，党中央组织东部地区支援西部地区已走过20余载。党的十九大报告中明确指出，要深入实施东西部扶贫协作。东西部扶贫协作作为一项战略举措，是对口支援的升级版。打赢脱贫攻坚战，对如期全面建成小康社会、实现我们党第一个百年奋斗目标具有十分重要的意义。

东西部扶贫协作，是推动区域协调发展、协同发展、共同发展的重大战略，是加强区域合作、优化产业布局、拓展对内对外开放新空间的大布局，是实现先富帮后富、最终实现共同富裕目标的大举措。目前，东部对西部贫困地区支援、帮扶协作实践形成了多层次、多形式、全方位格局，区域发展差距扩大的趋势得到逐步扭转，西部贫困地区、革命老区扶贫开发取得重大进展。新一轮的东西部扶贫协作除了要解决西部地区存在的经济落后、物质匮乏、基础设施不完善等问题，更聚焦于这些地区长期性的自我造血能力提升。就当前我国发展形势而言，加强和深化东西部扶贫协作，符合产业转型升级的基本规律和逻辑。

随着东西部地区扶贫协作的深入开展和西部地区发展基础条件的不断改善，东西部地区扶贫协作的效果也多方面呈现。作为国家区域经济发展战略的组成部分，政府在东西部地区扶贫协作实施中的首要主体地位仍然凸显。在党的十八大提出的"发挥市场在资源配置中的决定性作用"精神指引下，政府在东西部地区扶贫协作实施中的作用由主导转变为引导。一方面，中央和东部地区政府通过宏观经济政策的制定，引导各种要素向西部贫困地区流动，分担市场化要素区际流动的成本；另一方面，东部地区政府对西部贫困地区的财政和物资投入向支持社会发展倾斜，力求以经济发展引导社会发展。在政府的引导下，以东部地区优势资源、支柱产业和重点项目为依托，企业已经成为东西部地区扶贫协作中产业扶贫的支撑力量。在政府的引导和企业的支撑下，社会组织和个人广泛参与东西部地区扶贫协作与定点扶贫。各种社会力量依托自身在政治、军事、文化、科技、教育、卫生等领域的优势和影响力，为东西部地区扶贫协作牵线搭桥，发挥着越来越重要的作用。

二、实施情况

在帮扶工作上，达日县积极动员和凝聚全社会力量广泛参与，坚持尽锐出战,不断健全"双帮"机制,按照"不脱贫、不脱钩"的原则,在2个省级单位结对帮扶2个贫困村的基础上,29名县级领导干部带头开展联乡包村包户。全县68个机关党支部、758名党员干部与行政村和建档立卡贫困户开展了"1+N"全覆盖结对帮扶,实现了县级领导包乡、部门单位联村、帮扶干部到户的三个全覆盖。

自精准扶贫工作开展以来,达日县抢抓东西部扶贫协作和定点帮扶的机遇,积极借助外力,助力脱贫攻坚,不断加强和深化与上海市奉贤区、中国普天集团、环保部等单位的交流合作,使得东西部协作取得新成效。

三、成效

党的十八大以来,达日县政府坚决贯彻党中央、国务院及省委、省政府决策部署,认真贯彻习近平新时代中国特色社会主义思想和"四个扎扎实实"重大要求,始终坚持精准扶贫精准脱贫基本方略,通过构建脱贫攻坚政策体系、责任体系、投入体系和考核监督体系,进一步细化攻坚路径,强化责任担当,立足精准促攻坚的工作合力。

对口帮扶工作取得显著成果。2016年以来,达日县共落实上海援建项目59项(2016年12项,2017年15项,2018年8项,2019年13项,2020年11项),总投资1.82亿元,开工率100%。包括卫生类11项,总投资1468万元;产业发展类14项,总投资3500万元;教育类11项,总投资7953万元;新农村建设类12项,总投资2750万元;人才智力培训类3项,总投资408万元;基层政权类3项,总投资480万元;其他类5项,总投资1620万元;争取央企帮扶单位中国普天集团援建项目30项,资金1428.6万元,帮扶困难学生284人次。落实海西州帮扶资金1630万元、青海省环境科学研究设计院有限公司帮扶资金37.42万元、中国科学院西北高原生物研究所帮扶资金54.94万元,有力地促进了达日县经济社会持续发展。东西部扶贫协作单位在项目、资金、技术、人才培训等多方面无私帮扶和大力支持,为达日县经济社会发展及打赢脱贫攻坚战提供了坚强保障。

四、案例

上海市奉贤区坚持立足达日县实际需求，每年有针对性地选派挂职干部和专业技术人才，为推动本县贫困地区经济社会发展和脱贫攻坚提供精准支援，为提升当地教育医疗和农技水平提供了有力支持。

第二节　中央定点扶贫

一、基本情况、背景

2020年6月3日至6日，为贯彻落实中央企业决战决胜脱贫攻坚视频会议精神，时任中国普天集团党委副书记、总经理陶雄强及党委副书记孔繁新以及相关企业领导一行赴青海果洛藏族自治州达日县推进定点扶贫工作。陶雄强强调中国普天将一如既往按照党中央、国务院指示要求，加大对深度贫困地区的帮扶力度，履行好中央单位帮扶责任，并表示后续将通过产业引进来，商品走出去方式，实施精准帮扶。中国普天派驻吴晓飞任达日县的扶贫干部——副县长、杨柯磊为驻村第一书记加大信息交流，发挥行业优势，积极安排帮扶项目资金，为达日县的脱贫攻坚工作提供了极大的帮助。

二、实施情况

（一）十余载帮扶，脱贫摘帽奔小康

作为有高度社会责任感的央企，中国普天集团自定点帮扶达日县以来，认真贯彻落实党中央、国务院关于定点扶贫和对口支援的工作部署，按照"达日所需、普天所能"的原则，不断加强与达日县的深入沟通与多点位配合，从多个角度积极参与帮扶，与达日干部群众一道"拔穷根""破坚冰"，累计注入帮扶资金逾千万元，在产业扶贫发展、健康扶贫、贫困劳动力技能培训、贫困大学生救助等方面动真情、出实招，给予了大力支持和帮助，定点帮扶工作取得了实实在在的成效。

2020年4月21日，青海省人民政府正式发布公告，全省包括达日县在内的42个县全部退出贫困县序列。

"我们与达日手足相亲，守望相助！""达日脱贫，普天不脱责任！达日摘帽，普天不摘帮扶！"8月13日下午，在达日县政府举行的"中国普天集团·达日县推进脱贫攻坚工作座谈会"上，吕卫平表示，达日县脱贫攻坚工作圆满通过了抽查和普查，接受了一次又一次的全面"体检"，成绩是有目共睹的，城乡面貌发生了显著变化。这些成绩的取得得益于党中央、国务院和省州县党委、政府的坚强领导，凝聚着达日县各族干部群众的智慧、汗水和力量。下一步普天集团将坚决贯彻落实好党中央、国务院各项关于中央单位定点帮扶工作的指示精神，严格按照习近平总书记"四不摘"的要求，进一步加强与达日县的沟通交流，发挥好普天集团产业方面的优势，整合集团上下力量实施精准帮扶，把达日脱贫的基础夯实，助力达日全面建成小康。

（二）"羊羔花"、饲草基地，确保帮扶工作"真落实、显成效"

在中国普天定点帮扶达日县的历程中，两名中国普天扶贫干部——达日县副县长吴晓飞、吉迈镇龙才村驻村第一书记杨柯磊守初心、担使命，用心做实事、用情扶好贫，在助力达日打好打赢脱贫攻坚战中发挥了重要作用。

"羊羔花"项目源于杨柯磊和吴晓飞对牧民残疾儿童的一次救助。随后，普天与达日县残联进行了交流和入户调研，初步拟定了整合引入帮扶资金用于残疾儿童这个特殊群体的帮扶项目，携手达日县残联共同发起了达日县"羊羔花"残疾儿童康复救助行动。目前，"羊羔花"残疾儿童康复救助行动引入的资金，已成功帮助4名残疾儿童在当地进行治疗。"羊羔花"残疾儿童康复救助行动使更多贫困残疾儿童得到更及时有效的救助，减轻了残疾儿童家庭康复医疗费用负担，成为广大残疾儿童家庭的幸福工程。

为了激发牧民群众参与扶贫项目的热情，最大限度地调动牧民群众的劳动积极性，改变牧民群众的"等、靠、要"思想，2018年杨柯磊向吉迈镇提议，对饲草实行"以工代赈"的收割模式。中国普天在达日县吉迈镇龙才村援建了近千亩饲草示范基地，将黑土荒滩改造为绿草场。

（三）"互联网＋健康扶贫"，向因病返贫说"不"

2018年，中国普天与县医院深入对接，配备医疗、技术工作人员，启动智慧健康医疗扶贫工作，帮助解决高原地域性疾病及时诊治、便利诊治难题。该项目充分利用互联网信息技术，发挥当地基层医疗卫生人员力量，探索建立了长期有效的慢性疾病筛查、防治机制和工作队伍，提升达日县慢性疾病整体预防诊治能力，助推"中国健康扶贫工程"精准实效落地。覆盖9乡1镇的"互联网＋健康扶贫"体系，针对贫困户开展健康档案立档建卡工作，为防止当地牧民"因病致贫""因病返贫"增添了一道有力的屏障。

（四）"智慧达日"，为美丽乡村护航

"智慧达日"项目完全由中国普天捐助建设实施。该项目以实现社会动态治理为基石，以搭建大数据平台为重点，以建立数字化社会服务管理体系为中心，依托互联网大数据新科技，组建多项数据平台为一体的大数据平台，着力构建"十二位一体"模式，时时掌握全县各行各业实际情况，让牧区社会治理工作从传统应急、静态管理走向现代化预防、动态治理，真正做到社会服务管理的"科学化""精细化"，群众服务的"零距离""心贴心"，实现牧区治理体系和治理能力系统化、科学化、智能化、法治化。同时，中国普天积极对当地牧民开展技能培训，打通渠道授人以渔。利用央企消费扶贫电商平台进行牧区特产的销售。在此基础上，为美丽乡村建设护航。

三、下一步工作计划

中国普天与达日县是多年的"亲家关系"，前期中国普天重点在扶贫脱贫工作上实施帮扶，下一步将围绕达日县脱贫后成果巩固及智慧新城镇建设精准施策，利用中国普天智慧应用产业帮助提升达日县政务管理水平。

第三节 援青扶贫

一、基本情况、背景

2010年，党中央、国务院从战略全局高度为青海发展和稳定谋篇布局，启动对口支援青海六州工作，这是党中央、国务院从全国大局出发作出的又一重大战略部署。从此，雪域高原上留下了一个又一个援青的印记。

2010年至2020年，承担对口援青任务的6个发达省市、34个中央国家机关和17家中央企业全面开展对口支援青海工作，有力促进了全省六州经济发展、社会进步和民族团结，为青海省长足发展注入生机和活力。虽相隔千里，援青省市、单位却与青海守望相助、共享共赢，使青海省各族群众更加深切感受到社会主义制度的无比优越，共享改革发展的甜美果实。十年援青，带来的不只是物质上的雪中送炭，更激起精神上的齐振和情感上的共鸣，在青海省基层干部群众中汇聚起奋进前行的强大正能量。在这其中，上海市奉贤区则是青海省果洛州达日县的援建结对区。

二、实施情况

（一）党政代表团考察达日县援青工作

2018年7月，上海市奉贤区青村镇党政代表团一行16人到达日考察对口帮扶工作，达日县副县长段作军主持召开了对口支援工作座谈会，代表团听取了达日县关于对口帮扶工作情况所作的汇报，青村镇党委副书记、镇长瞿磊代表青村镇党委政府向吉迈镇捐赠扶贫资金30万元，并就援青工作作了讲话，表示青村镇将一如既往围绕国家关于对口帮扶支援的战略部署，进一步加大对达日的援助力度，力争帮助达日县实现按期全面脱贫的目标，和达日数万名牧民群众一道共同迈入小康社会。最后，武伟书记对青村镇的帮扶表示感谢，对达日县做好帮扶项目落实，促进效益发挥提出了要求。

（二）企业家代表团考察达日县援青工作

2018年8月，代表团分别听取了李亿就达日县基本县情及对口帮扶工作情况所作的汇报，建设乡党委书记班玛尖参就建设乡基本情况及庄行镇、开伦集团结对帮扶资金拟实施项目情况的汇报；庄行镇党委副书记项春代表庄行镇党委政府向建设乡捐赠扶贫资金30万元整，开伦集团监事会主席江明毅代表开伦集团分别向建设乡沙日纳村、达日龙村、测日哇村、长查村捐赠扶贫资金共计20万元；开伦集团监事会主席江明毅、庄行镇党委书记盛梅娟就援青工作作了讲话，表示将一如既往围绕青海省委、省政府的战略目标，坚持帮扶理念、坚持优势互补、坚持良性互动，力争帮助达日县完成按期全面脱贫的目标，和达日数万名牧民群众一道共同迈入小康社会。

（三）攻坚克难战胜恶疾顽症

在奉贤援青项目中，医疗与教育是两大核心工作。其中在医疗支援项目中，以包虫病防治最为重要。包虫病，是千百年来危害藏区人民健康的顽症之一。这一寄生虫病通过动物粪便传播，因为高原缺水，牧民卫生习惯较差，很容易被其感染。一旦得病，寄生虫会在人身体内繁殖，如不及时治疗，很可能导致失去劳动力甚至死亡。在达日县，包虫病发病率曾经最高达到7%，许多牧民因为未能及时发现病情，以致无法承担高昂的后期治疗费用，不得不放弃治疗。

奉贤区第二批援藏干部李亿与陈伟旻来到达日县后，决心帮助当地群众战胜包虫病。在他们的积极协调下，奉贤区投入达日县包虫病防治专项资金150万元，专门用于当地藏族同胞包虫病早期筛查与治疗。及时发现病症，意味着能以较低的成本彻底根治。而通过医疗保险的辅助，实现了病人治疗"零负担"。如今，达日县包虫病发病率已经下降到了3.5%。

（四）跋山涉水守护孩子笑容

达日县建设乡寄宿小学，就是一个典型的基层援建点位。这里有一句俗话：果洛只有两个季节，冬季和大约在冬季，因此一年中适合施工的时间极短。作为上海对口果洛基建工程的负责人，朱文忠和上海援青干部们要利用有限的时间，争分夺秒完成工程。在他们的努力下，这一主要由上海资金援建的小学，全新的教学楼于2018年9月1日启用。

在上海援建前，这就是一所板房学校，教学和住宿条件极为恶劣，牧民们把孩子送来读书的积极性不高，宁可让孩子在家放羊放牛。

如今，学校设施已经修缮一新，孩子们穿着干净的校服在教室中努力学习。学校条件改善后，家长们愿意把孩子送到学校，他们相信在这里，孩子们可以得到最好的照顾，学习文化知识，能够有一个光明的未来。

（五）以心换心播撒大爱无疆

在援青干部心中，来到果洛，是奉献，是坚守，更是心与情的交融。他们既是来帮助当地百姓，也被这里群众干部的淳朴与坚强所感动着。

达日县拉智觉热艺术团，是全县唯一一个职业艺术团体。成员都是藏族贫困家庭子弟，其中大部分都是孤儿，父母因为包虫病过世。排练现场"90后"甚至"00后"的姑娘小伙子们用不太专业的动作，献上了当地最传统的舞蹈。

在月工资不到2000元的情况下，他们能坚持下来一是因为喜欢，二是深信自己的舞蹈能给所有人带来快乐。他们卖力地演出，用多种平台记录着舞动的节拍。

因被他们的自强不息所感动，援青干部们结合奉贤区"圆梦行动"，把艺术团接到上海进行表演。此外，上海市奉贤区还提供资金为他们添置了表演服饰、道具和大巴车，方便他们下乡表演。今后，上海市奉贤区还将提供更多机会，让他们在更为广阔的舞台尽情表演。

三、成效

（一）帮扶红利显实效

上海市、中国普天集团坚持以习近平新时代中国特色社会主义思想为指导，认真贯彻落实党中央关于加强东西部扶贫协作的重大部署，坚持"民生为本、产业为重、规划为先、人才为要"，通过资金注入、物资支持、智力帮扶、项目援建、人才援助等方式，始终坚持以人民为中心的发展思想，把脱贫攻坚、教育、医疗帮扶放在突出位置，加快补齐全面小康、民计民生短板弱项，投资3.84亿元高质量实施对口支援项目143项，让达日县各族群众享受到了更多教育红利、健康红利，为达日打赢脱贫攻坚战和决胜全面建成小康社会做出了卓越贡献。达日县各族群众的获得感、幸福感、安全感不断增强。

（二）业务素质强根基

十年来，全县共组织党政领导干部、村"两委"成员、医生教师骨干、优秀青少年、致富带头人等培训1000余人次，通过各类人员培训，增强了各领域干部队伍的政治素养，提升了专技队伍的业务素质，加深了两地间的文化交流。

（三）新青海精神助攻坚

十年来，先后有4批15名援青干部克服高寒缺氧的挑战，经受孤独寂寞的考验，全身心投入热爱达日、建设达日、奉献达日的火热实践，展示了忠诚干净担当，践行了"登高望远、自信开放、团结奉献、不懈奋斗"的新青海精神，解决了一大批的难题，办成了数不清的实事，做出了经得起历史实践和人民检验的好业绩。

2020年4月22日上午，奉贤区、达日县对口支援工作联席会议在奉贤举行，双方共商对口帮扶大计，共议改革发展蓝图。奉贤区委书记庄木弟、达日县委书记牛得海出席并讲话。奉贤区委副书记郭芳主持，达日县人大常委会主任卓玛措，县委副书记、县长周洛等出席。

庄木弟对达日县领导表示欢迎，对近年来达日县经济社会发生的翻天覆地的变化表示祝贺，并向奉贤援青干部为达日发展作出的贡献表示充分肯定。他指出，双方要立足中央要求、达日所需、奉贤所能，一如既往、协同奋斗，共同推进经济社会高质量发展，全力以赴，早日打赢脱贫攻坚战。

第四节　社会扶贫

一、基本情况、背景

社会扶贫是政府、市场、社会新"三位一体"大扶贫格局中的重要一极。

2020年是决战决胜脱贫攻坚关键之年。2020年以来，达日县扶贫开发局深入贯彻习近平总书记关于扶贫工作的重要论述，全面落实省委、省政府、州委州政府脱贫攻坚决策部署，在县委、县政府的正确领导下，坚持科学统筹，落实精准施策，狠抓问题整改，全面落实各项脱贫攻坚政策，不断巩固脱贫攻坚工作成果。

二、实施情况

（一）建档立卡方面

抓好扶贫对象动态调整、建档立卡信息采集录入暨统计监测、全国扶贫开发子系统的上档升级和档案资料的精准管理，锁定建档立卡贫困户，实现扶贫对象精准率100%，为行业、部门帮扶奠定了扎实基础。同时，协调各乡镇开展数据清洗工作，仅2020年清洗1580条数据、豁免核准了3000余条数据，不断提高数据质量，扶贫开发信息系统中数据的真实性再上一个台阶。抓紧抓实数据、档案更新工作，进一步加强对"两类人员"的跟踪调研和帮扶工作。

（二）产业扶贫方面

大力推进产业扶贫，全力推进精准扶贫商贸旅游产业园复工复产，积极落实补助政策，确保扶贫产业有序经营。同时，加强扶贫产业园收益分配和管理，2020年初组织发放扶贫产业园收益资金455万元（共650万元，455万元用于入股建档立卡贫困人口分红，195万元用于贫困劳动力转移就业奖补），33个村建档立卡贫困户1817户7439人受益，人均分红611元。结合实际制定《达日县精准扶贫商贸旅游产业园收益资金支持贫困劳动力就业创业奖补方案》，鼓励脱贫户通过就业创业实现稳定脱贫。

（三）易地扶贫搬迁方面

一是制定了《达日县易地搬迁后续扶持实施产业和就业实施方案》《"十三五"时期易地扶贫搬迁安置点后续产业和就业规划》《达日县易地扶贫搬迁后续扶持工作方案》《达日县易地搬迁集中安置点后续管理办法》，各乡镇成立了集中安置点综合服务室。二是对有劳动能力的易地搬迁户进行摸底调查，对有劳动能力的搬迁户通过技能培训、公益性岗位安置、项目平台、奖励补助、帮扶解决、动态调整等六项措施优先解决易地扶贫搬迁建档立卡贫困户就业问题。三是2020年7月通过易地扶贫搬迁省级评估验收，对反馈的基础资料不完善、部分房屋主体有裂缝等问题进行整改，现已全部整改完成。四是2020年9月1日，国家发改委易地扶贫搬迁评估验收工作组赴达日县开展评估验收工作，通过查阅资料和实际入户对达日县易地扶贫搬迁开展了验收工作，验收组一行对达日县易地扶贫搬迁工作给予了充分肯定，针对反馈的问题，达日县第一时间制定整改方案，召开专题会议进行安排部署，问题已全部整改完成。

（四）资金拨付方面

2020年共到位中央财政扶贫专项资金6477万元，省级财政扶贫专项资金2889.6万元，中国普天集团捐助资金217.77万元。截至目前已拨付8671.3353万元，支出率为90%。其中村级光伏电站项目已支出2815.1353万元，贫困大学生补助已支出180万元，扶贫贷款贴息已支出6.45万元，项目管理费已支出25.14万元，各乡镇后续扶贫项目已支出679.68万元，易地搬迁村使馆建设资金支出42万元，脱贫光荣户奖励资金支出39万元，飞地经济项目支出1754万元，短期技能培训资金支出45.34万元，草原生态管护员资金支出750.44万元（自然资源局实施），2020年果洛州扶贫产业发展项目支出1480.15万元（农牧局实施），德昂乡1号桥建设项目和吉迈镇跨热村通村公路建设项目支出854万元（交通局实施）。

（五）"雨露计划"方面

开展"雨露计划"短期技能培训，制定了《达日县2020年度"雨露计划"短期技能培训实施方案》，目前已培训270人，涉及客房服务、餐厅服务员、摩托车修理、家政服务、中式面点、汽车驾驶等岗位。积极开展2020年"雨露计划"，大学生补助已申请154人，金额117.5万元，目前78人的补助金额64万元已发放到位。

（六）行业扶贫方面

根据《达日县"补针点睛"专项行动方案》中的17项任务，达日县统筹协调补齐短板，确保"补针点睛"工作扎实推进、有效开展、不出差错，水电路短板已全部补齐。

（七）扶贫项目方面

一是2020年初完成了2020年达日县脱贫攻坚项目库动态调整工作。2020年共计下发10284.83万元，落地安排项目17个并均已入库，印发了《达日县脱贫攻坚项目库建设办理办法》《达日县脱贫攻坚项目库"三年滚动计划"规划建设项目表》《达日县2020年度脱贫攻坚项目库规划》。二是2020年续建项目共3项，其中丹玛社区管网配套项目，已完工。县城易地搬迁集中安置点公共厕所配套项目、乡镇易地搬迁集中安置点公共厕所配套项目均已完工，待验收。

三、成效

（一）扎实推进疫情防控

达日县认真贯彻落实《关于做好新型冠状病毒感染肺炎疫情防控和脱贫攻坚有关工作的通知》要求，按照县委、县政府统一部署，制定《达日县扶贫开发局新型冠状病毒感染肺炎疫情防控工作方案》《达日县易地搬迁人员新型冠状病毒感染肺炎疫情防控工作暂行规定》，并印发《关于做好新型冠状病毒感染肺炎疫情防控和脱贫攻坚有关工作的函》，围绕打赢疫情防控阻击战统筹安排脱贫攻坚工作，全面排查贫困劳动力就业、贫困劳动力公益性岗位就业、扶贫产业合作社、易地搬迁劳动力就业、扶贫小额信贷等受疫情影响情况，同时全力推动产业发展、疫情影响跟踪分析、村集体经济"破零"底数摸排、贫困村公益性岗位设置等脱贫攻坚各项工作。

（二）圆满完成贫困县退出第三方评估、抽检工作

在达日县委、县政府和县扶贫开发领导小组的坚强领导下，达日县全力做好谋划、服务工作，撰写了《达日县迎接贫困县退出专项评估检查服务保障"1+14"工作方案》，通过入户核实、综合评估和专项督查等方式，宣传脱贫攻坚政策、指导各乡镇完善提升基础资料、督促整改"两不愁三保障"

方面存在的突出问题。同时积极与各相关单位对接协调，收集整理各项各类佐证资料及行业部门相关资料，对存在的困难和问题进行指导，确保做到资料的合理性和真实性，并配合第三方圆满完成了评估、抽检工作。

（三）全力抓好各级反馈问题整改

针对各级反馈问题，达日县制定了《达日县中央专项巡视"回头看"和成效考核反馈问题及贫困县退出专项评估检查反馈问题整改工作方案》《达日县2020年脱贫攻坚国家督查反馈问题整改方案》《达日县2019年青海省贫困县退出抽查第三方评估反馈问题整改方案》等。成立了反馈问题整改工作领导小组，召开了反馈问题整改安排部署会及推进会，明确了整改时间节点，加大了整改督查力度，并要求各乡镇、各部门深挖问题根源、梳理整改清单，深入开展"回头看"工作，做到问题不解决不放过、整改不彻底不放过，同时，进行收集各部门各乡镇材料整理归档，按时汇总上报问题整改情况，目前，各项问题整改已全面完成。

（四）带动牧户增收脱贫

为充分调动社会各界参与扶贫济困的积极性，助力脱贫攻坚，持续巩固脱贫成果，达日县以2020年全国消费扶贫月活动为契机，开展"10•17邀你同行　全民携手　共襄盛举"公益募捐活动，全县共计捐款205540元；开展"扶贫攻坚　你我同行"消费扶贫周活动，消费扶贫销售额达1105402元，充分调动了贫困户依靠自身努力实现脱贫致富的积极性，增强了贫困户自我造血能力。

（五）注重业务知识学习，提升扶贫指导水平

一是集中培训学。在每周星期五学习例会上，对近期的上级文件、领导讲话、重要会议精神等进行深入学习，使每个业务人员都了解并掌握近期重点工作。二是个人自主学。通过统一印发学习资料、提供相关业务知识、

提供微信公众平台等方式，让每个干部职工都自觉自主地学习。三是交流讨论学。就精准扶贫和精准脱贫工作中存在的突出问题，以及如何指导好乡镇开展扶贫工作、如何落实好精准扶贫相关文件会议精神等方面进行交流讨论，为有效指导乡镇精准扶贫工作打下了基础。

四、案例

（一）达孜村

达孜村联点帮扶单位为达日县政协和县农行，截至2020年底，县政协共帮扶达孜村贫困户慰问金19000元，发放大米、面粉、清油、被褥等价值10万余元物资，解决村级活动室办公桌椅8套，价值18000元，办公经费4100元，并通过"沪青慈善牵手果洛行"扶贫助困项目累计为63户贫困户发放12.6万元救助金，为10位贫困大学生提供社会救助20000元。截至目前，县农行帮扶达孜村发放价值11200余元的米、面粉、食用油、牛奶等生活用品及5600元慰问金，解决达孜村党支部8000元办公经费，并捐赠价值5000元的办公电脑1台。

（二）色隆村

色隆村联点帮扶单位为达日县气象局，截至2020年底帮扶色隆村发放慰问金、米面油等共计58400元，2019年为色隆村党支部党员活动室解决建设资金6000元，合计帮扶资金64400元。

（三）哲格村

哲格村联点帮扶单位为达日县教育局，截至2020年底，县教育局出资维修哲格村牧委会党员活动室及文化墙建设资金10000元及3台电脑；解决哲格村赛马会活动资金5000元，对36户结对帮扶户发放米、面、清油、粉条等生活物资共计16200元。

（四）那尼村

那尼村联点帮扶单位为达日县政法委、达日县农商银行，截至2020年底，县政法委帮扶那尼村党支部30000元，贫困户帮扶资金35700元，主动为3名残疾人解决临时就业问题，共帮扶了49600元，并发放被褥、棉鞋、毛毯、砖茶、水果、酸奶、菜籽油等生活必需品；县农商银行送去慰问金8000余元及米、面、油等生活急需用品，提供办公电脑1台及 A4打印纸2箱。

第六章　攻坚保障

第一节　强化党建引领

为充分发挥基层党建在脱贫攻坚工作中的引领带动作用，切实把党建优势转化为扶贫优势，不断增强党员在精准扶贫中的先锋模范作用，达日县继续深化"党员脱贫示范户"创建工作，持续推进党建助脱贫，初步达到了"点亮一盏灯，照亮一大片"的带动辐射作用。

一、概述

在现有工作基础上，立足达日县情、乡情、村情，由县委组织部牵头，联合扶贫、农牧、林业、环保、卫生、民政等部门，对第一书记和驻村干部再进行全方位培训和教育，培训内容和方式上灵活掌握、区别对待，把解决实际问题作为培训工作的出发点和落脚点，确保扶贫政策能吃透、拿准，实施政策能因地制宜。

（一）注重"双帮"，实效凸显

当前，达日县各地各单位坚持突出问题导向，抓好整改落实，深入结对共建村了解脱贫攻坚进展情况，与乡镇党委政府、村"两委"、"第一书记"和扶贫（驻村）工作队一道，立足实际找问题、寻方法，引项目、筹资金，强组织、建队伍，除隐患、促和谐，制定了具体措施，并不断通过深入牧户听民声，积极开展送政策、送技能、送信息、送岗位，重办事更重成事，从引领致富的持久性产业下手，打造贫困群众个性化"造血"的长久工程，确保了脱贫攻坚、为民服务不走过场。

（二）"破零"工程取得显著成效

为深入推进村集体经济"破零"工程，营造"强责任、抓执行、盯进度、促落实"的工作氛围，深入落实实施村集体经济"破零"工程的指导意见和州村集体经济"破零"工程，达日县对村集体经济"破零"工程重点工作任务进行分解，进一步明确了责任单位、责任人和完成时限，认真抓好贯彻落实。

（三）扶贫领域反腐和监督检查能力增强

达日县以习近平新时代中国特色社会主义思想为指导，认真贯彻党中央关于精准扶贫、精准脱贫的重大决策，增强"四个意识"、坚定"四个自信"、做到"两个维护"，提高政治站位和政治觉悟，全面履行监督、执纪、问责职责，紧紧盯住全县脱贫攻坚中出现的腐败和作风问题，以零容忍的态度，坚决整治和查处在民生和扶贫领域虚报冒领、截留私分、乱收费乱摊派、贪污挪用等腐败问题和精准扶贫、牧区"三资"管理、工程项目建设中吃拿卡要等不正之风，以整治的实际成效取信于民。

二、具体做法

深入宣传贯彻习近平新时代中国特色社会主义思想和党的十九大、省十三次党代会精神，宣传贯彻党的农业农村工作政策和乡村振兴战略，宣传贯彻党中央、国务院和省委、省政府关于脱贫攻坚各项方针政策、决策部署、工作措施，注重扶贫同扶志、扶智相结合，做好贫困群众思想发动、宣传教育和情感沟通工作，激发摆脱贫困的内生动力。

（一）促进民族团结

利用牧民"夜校"等平台和"三会一课"、党的组织生活等载体，广泛开展民族政策和民族知识宣传教育，不断巩固和发展平等团结互助和谐的民族关系，为推进全国民族团结进步示范州创建工作打牢宣传思想基础。

（二）促进社会治理

加强法治教育，推动移风易俗，指导制定和谐文明的村规民约，培育农牧区健康向上的乡村文化；帮助村干部提高依法办事能力，促进村级事务公开透明，群众满意；积极参与扫黑除恶专项斗争，旗帜鲜明地同邪教迷信、"黄赌毒"、"村霸"等黑恶势力不法行为作斗争；做好各类矛盾纠纷排查化解，遏制民转刑案件、群体性事件和安全事故等的发生，促进和谐稳定。

（三）促进集体经济

把发展壮大村集体经济作为帮扶工作的重要内容，积极推进农牧业供给侧结构性改革、农村集体产权制度改革，推动资源变资产、资金变股金、牧民变股东，积极探索"合作经济""乡村旅游""集体股本"等多元化发展模式。帮助贫困村选准发展路子，协助村"两委"实施好村集体经济"破零"工程，增强农村基层党组织的组织力。

（四）推动基层组织

扎实推进抓党建促乡村振兴，突出政治功能，提升组织力，着力引导农牧民党员发挥先锋模范作用；推动"三基"建设，实现村党组织建设科学化，基础工作精细化，基本能力现代化，推动落实"三会一课"制度，严肃组织生活，落实"书记带头讲党课"制度，每季度讲党课不少于3次。培养贫困村创业致富带头人，吸引各类人才到村创新创业；对整治群众身边的腐败问题提出建议，推动落实管党治党政治责任。

（五）推动服务能力

单位党组织开展党员干部与贫困户的认亲帮扶活动，做到全覆盖、常走动、认"真亲"；开展为民服务全程代理，落实村干部坐班制和巡回服务，关心关爱五保户、残疾人、孤儿、空巢老人和留守儿童，帮助解决牧民群众生产生活中的实际困难。

（六）推动精准扶贫

指导开展贫困人口精准识别、精准帮扶、精准退出工作；按照"八个一批"的要求，帮助制定贫困村扶贫攻坚方案和贫困户脱贫计划；参与实施特色产业扶贫、劳务输出扶贫、易地扶贫搬迁、贫困户危房改造、教育扶贫、科技扶贫、健康扶贫、生态保护扶贫等精准扶贫工作；推动金融、交通、水利、电力、通信、文化、社会保障等行业和专项扶贫政策措施落实到村到户；协助贫困村做好项目的协调和实施、监管工作，推动落实公示公告制度，做到公开、公平、公正。

三、全面成效

（一）党员党性观念进一步增强

示范户通过亮明党员身份，以脱贫作为承诺事项，在脱贫道路上始终走在前列。达日县通过有效发挥示范引领作用，增强了广大牧民党员发展生产、改善生活的积极性。以党员脱贫示范引导党员牢固树立党性观念，增强党员的荣誉感和责任感，进一步激励了党员脱贫示范户主动担当。

（二）群众脱贫信心得到有效提振

党员脱贫示范树立了一个正面样板，以"身边人、身边事"来带动群众对脱贫工作的思想认同，在党员脱贫示范户的引领下进一步提振了脱贫信心，坚定了脱贫决心，激励更多贫困户主动投身到脱贫攻坚中。目前，全县16户党员脱贫示范户已带动11户建档立卡贫困户就业脱贫。

（三）基层组织凝聚力不断强化

在党员示范工作中，基层党组织大力开展示范户的推荐、筛选工作，特别是在脱贫项目选择、指导、实施中发挥了重要作用，进一步增强了工作活力，在群众中树立了威信。党组织政治核心、领导核心作用和群众号召力显著增强，凝聚力、战斗力不断强化。

（四）党建促脱贫工作成效进一步凸显

通过全面组织开展"党员脱贫示范户"创建活动，按照"确立一户，制定一策，带动一片"的原则，脱贫攻坚扎实有效推进。党组织带领广大党员、群众投身到脱贫攻坚这场"大会战"中，以党建工作的提升带动脱贫工作的开展，为推动全县党建促脱贫奠定坚实的基础。

第二节　强化思想脱贫

一、具体措施

（一）营造舆论氛围，唱响主旋律

策划开展"精神脱贫"宣传教育，着力解决"领导热、群众冷"的问题。一是在公路沿线、乡镇政府所在地、人口密度较大的地区书写、悬挂、张贴脱贫攻坚标语，通过把"讲卫生、讲公德、重参与"的良好风尚展示到各乡镇文化墙、宣传栏，积极营造"扶真贫、真扶贫""扶贫先扶志""富口袋必先富脑袋"的舆论氛围。二是乡镇联点干部、驻村第一书记和扶贫驻村工作队成员、村"两委"班子成员要深入贫困群众家中发放各类书籍、党的方针政策资料，提升贫困群众对脱贫政策的知晓率，同时向群众宣传政策、讲解政策，提高群众对政策的理解率。三是广泛宣传，活化利用各类宣传干部，不断挖掘各类鲜活的事例，宣传报道好各乡镇各部门各单位深入推进脱贫攻坚工作进展情况、先进典型事例和亮点成果，为奋力冲刺脱贫攻坚营造浓厚舆论氛围，激发群众脱贫信心，引导贫困群众树立以"自力更生"为荣、以"等靠要"为耻的思想。

（二）推出文化墙展，展现新风貌

在各乡镇政府所在地、公路沿线等重要位置、人员密集场所、乡级文化广场周边墙面及民居空白墙面等地张贴宣传标语。一是宣传社会主义核心价值观、中华传统美德、文明礼仪知识、道德模范故事、村规民约、脱贫攻坚工作成果、勤劳致富典型故事等内容。二是以多种形式，通俗易懂、简洁明了展现本县特色风情和群众的精神风貌，大力弘扬扶贫帮困的传统美德和时代价值，营造浓厚的文化氛围。

（三）选树先进典型，凝聚正能量

积极开展致富能人评选活动，宣传勤劳致富典型事例。营造"比作风、比办法、比业绩"的浓厚氛围，推选出一批勤劳致富模范人物，大力倡导自力更生谋发展、勤劳致富受尊重的价值理念。

（四）开展主题活动，弘扬新风尚

科学设置活动主题，组织开展丰富多彩的群众性文化活动。一是以农村党支部为主线，开展"听党话、跟党走、感党恩"主题活动；二是以村为主线，开展以"法治、国家、责任、家庭"为主要内容的宣传教育活动，开展法治文化、廉洁文化、优秀传统文化教育，破除薄养厚葬、滥办酒席等陈规陋习，激发群众精气神，发动群众一心一意谋发展；三是以家庭为主线，继续推出一批"文明家庭"，开展道德模范、身边好人等先进典型培育宣传推介，动员群众在参与过程中弘扬文明风尚，养成文明习惯，树立自强、自立、勤劳、节俭的价值观，构建宽容、平等、相互尊重的社会环境。

二、全面成效

（一）强领导稳落实

深刻认识并领悟做好"精神脱贫"的重要意义，切实履行脱贫攻坚主体责任。达日县全县上下统一思想，提高认识，切实把"精神脱贫"作为脱贫攻坚的头等大事来抓。

（二）树典型扬新风

各乡镇各单位各部门结合实际，及时挖掘、宣传"精神脱贫"工作中的典型事例，展现贫困群众自力更生、艰苦奋斗的精神风貌，营造攻坚克难、凝心聚力、务实创新和共奔小康的浓厚氛围。对涌现的优秀典型经层层推荐评选予以表扬奖励，形成"树典型、学典型"的良好社会氛围。

（三）建平台强宣传

在创新宣传载体和方法上主动作为，进一步解放思想、转变观念，增强宣传工作实际效果。围绕脱贫中心工作，主动、及时、全面、准确发布权威信息，全力助推脱贫攻坚。

第三节　强化纪律保障

一、具体措施

达日县各乡镇各行业部门对照发现问题，进一步增强问题整改和决战决胜脱贫攻坚的责任感，主动担当作为，切实做到了思想认识到位、纪律管理到位、工作力量到位、责任落实到位。各乡镇县级联点领导亲自督办问题整改工作，严把整改成效，以整改新成果、工作新成效迎接脱贫攻坚巩固期。

（一）建立工作例会制度

全县乡镇党委和政府每月召集第一书记和驻村工作队召开1次工作例会，了解驻村工作情况，研究部署下一步工作；县驻村工作领导小组每季度至少召开1次工作例会，听取第一书记和驻村工作队工作汇报，交流工作经验，协调解决问题。派出单位指定1名领导专门负责，经常性加强与县委、乡镇党委和驻村干部的联系，及时了解群众工作和生活情况，定期听取工作汇报，有针对性地解决实际困难。

（二）实施年承诺、季报告制度

脱贫攻坚期间，年初每个驻村工作队与乡镇党委签订帮扶工作承诺书，作出帮扶工作承诺，并在公示栏张贴，接受广大群众监督。每季度向乡镇党委和派出单位报告承诺兑现进展情况和思想、工作情况，推动驻村工作各项任务落到实处。

（三）严肃培训纪律

达日县委组织部门会同扶贫部门每年提出年度培训计划，并负责抓好第一书记和驻村工作队员任前培训和集中轮训，保证驻村期间每年参加不少于一周的业务培训。

（四）严格考勤管理纪律

全县乡镇党委和政府采取工作日志和考勤登记相结合的量化考勤制度，驻村工作队每年驻村工作时间不少于200天。不论级别，其日常管理均以乡镇党委为主，各乡镇党委切实负起责任，从严执行考勤、坐班、外出请销假等制度，坚决杜绝"挂名不到位"、"走读"和两头"挂空"的现象发生，确保了派驻干部管理监督各项职责落实到位。因病因事请假严格履行请销假手续。请假5天以内的，向乡镇党委主要负责人请假；请假5天以上的，经乡镇党委主要负责人同意，向县驻村工作领导小组办公室请假。超期的应及时办理续假手续，按相应权限报批。赴省、市、县开展项目协调、资金争取等工作时，均应向乡镇党委报备，履行相关手续，未报备的视同脱岗。

（五）健全纪律约束制度

驻村干部据实填写州委组织部印制的《脱贫攻坚驻村干部工作纪实》，并作为年终考核评价的依据之一。要加强党性修养和自身作风建设，自觉遵守中央八项规定和廉洁自律各项要求，切实做到"七个严禁"，即严禁工作敷衍塞责、弄虚作假；严禁欺骗群众，优亲厚友；严禁参与赌博，酗酒滋事；严禁在任职村报销个人费用；严禁组织和参加宴请；严禁接受各类纪念品、土特产；严禁参加有损党员干部形象的各种活动，确保驻村干部遵规守纪、廉政勤政。

二、全面成效

通过纪律整顿，一方面提高了有关干部的整体素质和执法水平，解决执法工作和作风纪律方面的突出问题，深化了社会主义法制理念教育；另一方面以整风精神认真查摆党政机关在作风纪律方面存在的问题，切实解决人民群众反映强烈的相关活动中存在的突出问题，进一步树立"天下为公、执法为民"的思想，更好地履行法律监督职责，为达日县的社会稳定和经济发展做出积极贡献。

第四节　强化作风建设

一、具体措施

（一）加强领导

开展结对共建活动是实现城乡协调发展的有效途径，是创先争优活动的客观需要，也是提高农村基层组织建设水平的重要载体，达日县全县党支部开展结对共建活动，县扶贫开发局为活动提供经费保障。

（二）明确责任

脱贫攻坚期间，党支部加强与结对共建村的协调沟通，进一步明确双方的责任，把抓班子、带队伍，提高村党支部战斗力作为工作重点来抓，根据结对村的实际情况，有针对性地做好结对共建工作，帮助结对村找到一条稳固提高村级集体经济收入的路子。

（三）狠抓落实

结对共建双方积极认真落实各项任务要求，扎实开展共建活动，坚持长期开展活动，避免临时性、短期性行为，努力使结对共建活动经常化、制度化、规范化。加强督促检查，把结对共建活动纳入年度党建工作目标考核，确保活动取得实效。

二、全面成效

（一）加强了组织共建

充分发挥结对双方党组织的自身优势，定期交流党建工作经验，共享党建工作信息，共同研党建课题，不断提高基层党建工作的针对性和实效性。每半年与结对村党支部召开一次联席支委会，认真研究解决结对共建工作中存在的困难和问题；每年要和结对村党支部共同开展一次主题实践活动，提高了村党组织的凝聚力和战斗力。

（二）加大了队伍共管

达日县扶贫开发局党支部每年为结对村党员上一堂党课，与村"两委"成员进行一次座谈，帮助实施好贫困党员脱贫示范工程，落实好"四议两公开"。帮助结对村党组织落实好流动党员流入地属地管理、流出地延伸管理、流入地与流出地双向共管的职责。协助村党支部抓好入党积极分子培养和新党员发展工作。

（三）实行了人才共育

达日县全县把结对村作为培养锻炼干部的重要平台。机关党员干部深入基层一线了解民意，扶贫解困，增进感情，带领牧民增收致富，培养一支了解农村、懂得民情的干部队伍。采取集中培训、参观学习等方法，帮助结对村培养干部和实用人才，为结对村的党员干部群众提供农业实用技术和职业技能培训每年不少于1次。

（四）形成了困难共帮

扎实开展贫困户帮扶工作，按照群众的愿望和要求，每年为结对村办1至2件好事、实事。千方百计创造条件，关爱农村"留守儿童"。党支部每个季度要到结对村实地开展一次帮扶活动；主要领导每月要到结对村进行一次现场办公，为村党组织和群众解决难题；通过技术指导、协调资金等办法，帮助结对对象掌握致富技能，使其至少有一个稳定的致富项目。

（五）实现了资源共享

通过新建、改建等方式保证村"两委"有面积适中、功能完善的标准化活动阵地，室内办公设施、电教设备齐全，布置美观大方，做到制度上墙、内容充实、设施更新、环境整洁、面貌新颖，能够满足党员、群众开展学习、培训、议事需要。支持和引导结对村围绕活动场所，集中布点建设农家书屋、文体设施等。充分发挥本单位的优势，向结对村赠送党报党刊。积极参与和支持现代远程教育工作，做好经常性的播放和组织收看工作。

第五节 强化扶贫宣传

一、概述

达日县积极宣传各级党员干部和扶贫工作者在岗位上积极奉献，按照"八个一批""六个精准"，坚决打赢脱贫攻坚战，在人力、物力、财力等方面做好脱贫攻坚的保障工作，落实领导干部联乡联村制度，发挥财政投入主体作用，完善产业体系，达到扶贫效应逐步显现的良好局面；宣传各乡镇、各部门、各单位在脱贫攻坚工作中积极结合实际，不断探索创新，坚持专项扶贫、行业扶贫、社会扶贫等多方力量、多种举措有机结合，在就业转移扶贫、生态保护扶贫、教育脱贫等方面取得积极成效；宣传强化脱贫攻坚工作领导责任制，坚定信心，勇于担当，狠抓落实，年度目标任务超额完成。

脱贫攻坚期间监测预警能力提升，组织关注扶贫攻坚工作中的相关舆情信息，加强负面舆情监测，建立网络舆情监控制度，全面加强网络巡查，及时发现和掌握苗头性、动态性、倾向性信息，加强分析研判，有针对性地采取防范和控制措施，及时预防和消除不良影响。坚持属地管理、分级负责、解决问题和疏导教育相结合的原则，实行县委宣传部牵头，各涉事乡镇、部门、单位协调合作制度，依法依规组织突发公共事件舆论引导和重大负面舆情应对处置工作。加大信息公开力度，及时召开新闻发布会或运用广播、电视、微博、微信等媒体及时发布准确权威信息，公布事实真相，正面引导舆论。

二、具体做法

（一）高度重视，精心组织

相关责任人认真负责，以高度的责任感、使命感全力以赴做好贫困县退出专项评估检查期间各项工作。达日县广播电视台全力做好各自分工负责的相关工作，确保贫困县退出专项评估检查期间宣传报道工作顺利完成。

（二）加强协作，相互配合

相关责任人要积极协调省州级媒体，组织人员对达日县脱贫攻坚工作进行全方位的宣传报道；"达日发布"等微信公众平台也要积极转发相关新闻报道。

（三）强化宣传，做好报道

相关责任人高度重视，精心策划，周密部署，根据达日县的实际情况开展专题宣传、系列报道、刊播宣传标语等，聚焦达日县脱贫攻坚工作重大举措、特色亮点，在重点版面、重要时段推出深度专题报道；推出有特色、接地气的新闻报道。

（四）监测预警，及早防范

做好贫困县退出专项评估检查期间的舆情监测，及时发现和掌握苗头性、动态性、倾向性信息，加强分析研判，有针对性地采取防范和控制措施，及时预防和消除不良影响。

（五）强化纪律，坚持导向

坚持团结稳定鼓劲，正面宣传为主，遵守新闻纪律，对拿不准的问题要及时请示，严格报道纪律，及时送县级工作领导小组相关人员审核。

三、全面成效

宣传工作积极开展，高标准要求，相关人员积极进行培训，牢固树立政治意识、大局意识、核心意识、看齐意识，认真学习宣传贯彻党的十九大精神，认真做好迎接贫困县退出专项评估检查和全县脱贫攻坚成效的宣传报道与舆论引导工作，为达日贫困县退出专项评估检查工作营造了积极健康向上的舆论氛围。

第六节　强化问题整改

一、整改成效

2016年，协助达日县扶贫开发局申报达日县仓储物流园项目、达日县商贸旅游产业园宾馆建设项目、达日县查毛岭城旅游风情园建设项目、吉迈镇扶贫联社蔬菜大棚等建设项目。同时，2016年完成了投资1430万元的村级综合服务中心项目和投资100万元的达日县供销联社建设项目。

2017年，按期完成了上红科乡特根村、德昂乡康隆村综合服务中心项目的目标考核任务。并协助县扶贫局完成了估算总投资达114亿元的县深度贫困地区扶贫项目规划需求表。完成了投资720万元的达日县下红科乡哈穷沟至那尼沟公路建设项目。

2018年，根据《果洛州人民政府关于加快电子商务发展的指导意见》文件要求，达日县积极申报电子商务示范县项目。同年，依据青海省七市州电信普遍服务试点项目规划，完成了全县33个行政村通网的目标任务。

2019年，实施了投资500万元的牧区电子商务工程项目，达日县电商中心建成运营后，进行特色营销，截至2019年12月18日，达日县电商中心交易总额达到10万余元。

2020年，达日县实施投资1500万元的电子商务综合示范县项目，项目建成后能进一步完善电子商务县级服务中心、乡级服务站和村级服务点功能，打通网购、缴费、电子结算和取送货等服务功能，普及电子商务应用，实现通过电子商务提高贫困户增收致富的能力。

二、现存问题

（一）自然条件造成产业发展难度大

受制于自然基础条件，达日县产业选择及产业发展难度大，产业培育困难多。

（二）产业扶贫尚未形成规模

由于达日县乡镇、村产业发展处于起步阶段，贫困村主导产业发展不明显，没有形成区域发展和规模发展。

（三）龙头企业、扶贫产业基地、能人带动作用不明显

由于受交通条件、地理位置等因素的制约，企业发展后劲不强，辐射带动作用不明显，没有形成规模效应。

三、整改措施

（一）强化理论知识学习

始终把深入学习贯彻落实习近平总书记关于扶贫工作的重要论述及党中央脱贫攻坚决策部署放在首位，以高度的政治自觉、思想自觉、行动自觉，进一步强化政治担当，切实把脱贫攻坚主体责任再压实、再严格、再强化。适时召开专题会，聚焦发现的问题，把自己摆进去、把职责摆进去、把工作摆进去，剖析思想、查摆问题、对照问题找差距，真认账、真反思、真整改、真负责，真正把脱贫攻坚的主体责任扛稳、抓牢、做实。

（二）不断完善电子商务及市场体系扶贫

自精准扶贫工作开展以来，达日县委、县政府大胆探索扶贫新路径、新模式，扎实开展了乡镇邮政物流配送全覆盖和电子商务扶贫专项行动。投资1.34亿元打造了精准扶贫商贸旅游产业园项目；投入运营2500万元的兴林大厦物流货运中心项目；投入500万元打造牧区电子商务和市场体系建设，建成县级电子商务服务中心1处，线上线下同步销售本土特色农畜产品。

（三）强化扶贫项目管理

在扶贫领域项目监管上，严格执行《果洛州建设工程项目规范管理办法》，认真落实项目招投标、监理、施工合同、质量、进度、资金使用、竣工验收等责任制，进一步规范扶贫项目建设程序；县委常委会专题研究项目建设情况，并提出工作要求；县政府定期、不定期召开常务会和专题会议研究项目工作，解决项目推进中存在的问题；扶贫项目干部不定期深入现场检查项目建设情况，提出整改要求，在抢抓施工节点、赶超工程进度的同时，紧紧盯住工程质量不放松，严把建筑选材用材关口，确保了项目质量合标合规。在项目资金拨付中，按项目进度和比例分批次拨付，建立资金专用账户，做到了专款专用、转账核算，确保了资金使用规范、运行安全。

第七章　巩固提升

达日县以习近平新时代中国特色社会主义思想和扶贫开发战略思想为指引，紧紧围绕"五位一体"总体布局、"四个全面"战略布局，以实现"两不愁三保障"为目标，积极落实习近平总书记"防止返贫和继续攻坚同样重要"的重要指示，聚焦受各种因素影响、收入尚不稳定的已脱贫户返贫现象时有发生的问题，以问题为导向，以补齐脱贫攻坚短板为突破口，继续加大政策支持和工作力度，强化支撑保障体系，坚持"脱贫攻坚巩固提升"与"乡村振兴战略"相结合，从以下几个方面在新的起点上做好脱贫巩固工作。

一、切实履行职责，抓好生态脱贫工作

始终坚持"生态治理和保护优先"的工作理念，把全县生态治理、生态扶贫工作责任履行好，通过对全县退化、受损草地进行治理和修复，使生态环境得到极大的改善，进一步促进草原生态畜牧业可持续发展，进而有效提高牧民群众畜牧业生产收益。发挥领导干部的引领和示范作用，坚定理想信念，增强"四个意识"，坚定"四个自信"，做到"两个维护"。

二、聚焦乡村振兴，巩固脱贫成效

严格按照中央和省、州、县委要求，做到思想不松、靶向不变、力度不减，把心思和气力放在巩固脱贫成果、实施乡村振兴战略上，强化党建引领、产业支撑，聚焦重点难点，全面补齐短板，坚持把脱贫攻坚与实施乡村振兴

战略深度融合，继续壮大康巴村奶牛养殖、直却村肉蛋奶基地加工和依隆村藏羊养殖育肥产业发展管理模式，实现社员（建档立卡贫困户）逐年增收。

三、聚焦民生服务，狠抓健康扶贫

以乡村级卫生"四室"（诊断室、治疗室、药房、观察室）为标准进一步规范村级卫生室，实现村卫生室和乡村医生资质合法化、乡村管理一体化、考核制度化及服务规范化。积极衔接上海援建、州级帮扶和县级联点资源优势，积极探索"互联网＋医疗健康"新模式，发展远程医疗在线就医模式，让群众在家门口享受到、用得起大医院医疗服务，有效化解群众"看病烦"与"就医繁"和"一站式结算"问题。防止"乱投医、乱服药"导致病情加重，出现因病致贫返贫现象。

四、聚焦补齐短板，持续抓好问题整改

实现已脱贫群众的居住条件得到进一步改善，安全用水保障水平进一步提高，村级公路服务水平上新台阶，村级电网用电可靠性得到进一步提高。健全基本医疗保险、城乡居民大病保险、相关商业保险的衔接机制，解决好牧民群众重特大疾病的救助工作，打通民生保障"最后一公里"。对已完成的整改任务，适时组织"回头看"，巩固整改成果，防止问题反弹；对还没有彻底解决的问题，严格按照整改方案，加强督促检查，确保按时整改到位。

五、健全长效机制，巩固脱贫成效

加大推动对各部门制度建设废、改、立工作，以制度建设的成效固化脱贫攻坚成果。建立健全贫困人口动态调整机制，对新致贫、返贫对象及时纳入相关政策保障范围，做到"四不摘"，确保脱贫退出真实有效，群众增收持续稳定。同时，以持续有力的督促落实，层层传导压力，强化脱贫成效后续巩固措施落地生根，见到实效。

六、聚焦文化扶贫，助推精神脱贫

进一步健全乡村公共文化服务体系，实现乡村两级公共文化服务全覆盖，提升服务效能。完成已建成的村级文化场所升级改造，完成村级数字广播电视覆盖、牧家书屋提档升级、文化惠民、文化文物遗产保护、农村文化人才培训"五大文化工程"目标任务。

七、深化扶贫成效，推进各项社会事业发展

以脱贫攻坚绝对"清零"和百日攻坚行动为契机，把攻坚行动与贯彻中央和省州委决策部署结合起来，积极谋划和推进当前及今后一段时期的各方面工作，进一步厘清思路、完善措施、健全制度，着力推进各项社会事业发展。

达日县将深入贯彻落实习近平总书记在决战决胜脱贫攻坚座谈会上的讲话精神，多措并举巩固成果、保持脱贫政策稳定，推进脱贫攻坚巩固提升和乡村振兴有机衔接、统筹规划，围绕提升脱贫质量和夯实责任体系两大工程，以更大的决心、更明确的思路、更精准的举措，在产业扶持、政策延续、资金投入、扶志扶智等方面持续用力，举全县之力做好巩固提升阶段各项工作，为建设新时代"美丽达日、富裕达日、幸福达日"做出新的更大贡献。

第八章　扶贫英模

第一节　脱贫攻坚以来受国家层面表彰的单位和个人事例

蒋毛（藏族）——久治县智青松多镇政府干部，智青松多镇果江村驻村干部

嘎藏东智（藏族）——甘德县下贡麻乡政府干部，下贡麻乡龙恩村驻村干部

袁永会——达日县特合土乡政府干部，特合土乡扣压村驻村干部

杨义红（女，藏族）——果洛州玛多县委宣传部副部长，果洛州玛多县黄河乡江旁村第一书记

多杰才旦（藏族）——中国移动青海有限公司久治分公司干部，果洛州久治县门堂乡门堂村第一书记

王刚——中国农业银行甘德县支行行长，果洛州甘德县上贡麻乡隆亚村第一书记

刘印洲——中国铁建股份有限公司十七局干部，果洛州甘德县江千乡协隆村第一书记

穆元杰——果洛州久治县白玉乡人武部部长，果洛州久治县白玉乡科索村驻村干部

王军——果洛州委政法委副书记，班玛县灯塔乡仁青岗村第一书记

杨永智（土族）——玛多县委组织部副部长，玛多县扎陵湖乡卓让村第一书记

扎西闹吾（藏族）——中国邮政储蓄银行果洛支行干部，玛沁县下大武乡年扎村第一书记

李国元——西宁海关干部，甘德县青珍乡典折村第一书记

才昂仁增（藏族）——果洛州测绘地理信息局局长，久治县索乎日麻乡尖木村第一书记

杨柯磊——中国普天集团信息有限公司党建人力部人力资源主管，达日县吉迈镇龙才村第一书记

第二节　脱贫攻坚以来牺牲在扶贫一线的基层干部情况

2015年11月，188支扶贫队伍为了夯实脱贫攻坚战基础，迎着刺骨的寒风，克服高寒缺氧，深入乡镇村社，走家串户，和牧民群众谈心谈话。马国兆和袁卫东，两位新任的扶贫干部就在这188支扶贫队伍之中。

时钟稍稍向前拨动，2015年10月8日接到通知后，素不相识的二人却因同样的原因犯了些难——马国兆的爱人即将退休，母亲刚刚去世，孩子也面临高考，各方面都有压力。袁卫东的情况也很接近，父母都是80岁高龄，爱人患有先天性心脏病。当时，马国兆即将被派往久治县白玉乡白玉村，而袁卫东则被派往甘德县青珍乡龙尕尔村。

没承想，两年半的一期扶贫结束后，与同期众多"战友"一样，所在地不同的两人纷纷选择了坚守，到2020年已是在扶贫一线坚守了5年的老兵。是什么让他们选择了坚守？

扶贫的第一项工作是入户调研，走访当月正逢冰雪封山，很多地方汽车、摩托车无法到达，只能骑马进入。不会骑马的他们在别人的帮助下进了村，实地入户。1个月的时间里，扶贫队员们跑遍了果洛州6个县188个村，最终精准识别确认建档立卡贫困户37162人，为这场战役打下了坚实的基础，

也坚定了两人留下来的决心。

"当地村民认为扶贫干部下来时间短，不一定能安心扎根。"袁卫东回忆，自己遇到的第一个考验，正是来自村民。当时，村民们对新来的书记并不信任，提出村里缺一个卫生所。袁卫东当即行动，在半年时间里四处筹款，最终募得资金43万元，为村里建成了第一个卫生所，村民们一般的取药需求可以不用翻山越岭去乡上。这也让袁卫东下了决心：两年半太短，一定要再留下来，做出点实事。

在果洛州，扶贫工作或有不同，但也有一些相似的困难，这也从二人的回忆中得到验证：扶贫村位置偏僻，有时只能依靠马匹进村，遇上游牧的贫困户草场转场，两户之间甚至可能间隔百公里；与当地联络点干部沟通，藏语碰上汉语，一句话要反复表达……克服这些困难的办法复杂却也简单：投入时间。如今，两人的马术和藏语都突飞猛进，这正是五年在基层浸泡的"成绩单"。

扶贫时遇到的第一次雪灾，让袁卫东收获了当地村民的信任。当时，物资无法进村，袁卫东成立马背应急小分队紧急运送物资。其间，因积雪太厚，袁卫东从马背上摔下来，但他依然坚持3天，直到物资调配完才回乡治疗。因为这件事，袁卫东落下了个病根，每每过度劳累就会感到头晕，但也因此收获了当地村民的信任。无独有偶，2018年5月，马国兆驾私车前往果洛州民政局联系救助物资途中，因下雪路滑而侧翻，事故使18万元的轿车彻底报废，他个人也因受伤被护送回西宁治疗。可在西宁待了7天，伤还没好，他就在妻子的陪同下回到村里，被同事称为"夫妻扶贫工作队"。

相似的经历，让脱贫攻坚一线的建设者们深知脱贫攻坚要走进当地居民的心里。2017年，袁卫东走访时发现一户人家，夫妻二人靠救济过活，对工作的热情不高，对村干部的态度也较冷淡。但说到家里的具体情况，大家都不清楚。于是，他带着包队干部一起到家里走访，发现二人有一个两岁的女儿，不仅不会走路和说话，头也在一天天变大。由于曾在残联就职，袁卫东经多方了解后得知孩子得的是脑瘫，便多方联系帮助孩子康复治疗，经过一年多训练，孩子已可慢慢走路。"这件事对他们的改变很大，夫妻两人从最落后的一个家庭变成了最主动的家庭，工作积极性明显提高，布置的工作都按时完成。"袁卫东告诉记者，目前丈夫在村里做公益性岗位，妻子则在饲草基地工作，家庭的人均年收入从原来不足2000元到目前已有1万多元。

"企业建在家门口，打工不再往外走；政府铺就脱贫路，足不出户能致富。"一句简单的赞扬，背后是许许多多像马国兆和袁卫东一样的扶贫"第一书记"。他们把根扎在了一片片曾经贫困的土地里，最终在高原上绽放扶贫之花。

第九章　经验启示

达日县上下齐心，认真且全面贯彻党的十八大、十九大全会精神，紧紧围绕“五位一体”总体布局、“四个全面”战略布局，以实现“两不愁三保障”为目标，积极落实习近平总书记“防止返贫和继续攻坚同样重要”的重要指示，聚焦受各种因素影响、收入尚不稳定的已脱贫户返贫现象时有发生的问题，以问题为导向，以补齐脱贫攻坚短板为突破口，继续加大政策支持和工作力度，强化支撑保障体系，继续坚持精准扶贫、精准脱贫，坚持“脱贫攻坚巩固提升”与“乡村振兴战略”相结合，以推动乡村振兴为总抓手，以打赢脱贫攻坚战为核心任务，在新的起点上做好脱贫巩固工作，奋力建设新时代的“美丽达日、富裕达日、幸福达日”。

这些年，达日县坚持精准方略，紧紧围绕“两不愁三保障”目标，以“1+8+12”政策体系为牵引，扎实推进党中央决策部署落地生根，2016年完成了吉迈镇龙才村1个贫困村退出，稳定脱贫290户1032人；2017年完成德昂乡康隆村、上红科乡特根村2个贫困村退出，稳定脱贫228户927人；2018年完成下红科乡达孜村、窝赛乡依隆村、建设乡沙日纳村3个村退出，稳定脱贫913户4082人；2019年完成德昂乡莫日合村、满掌乡布东村、莫坝乡赛尔钦村、桑日麻乡红旗村、特合土乡夏曲村、下红科乡那尼村、上红科乡尼勒村7个贫困村退出，稳定脱贫1189户3728人；2019年底，全面完成13个贫困村退出、2620户9769名贫困人口脱贫，综合贫困发生率不显著，全县牧民人均可支配收入达8137元，全县贫困人口人均可支配收入达8762元，“两不愁三保障”目标全面实现，区域性整体贫困得到全面解决，困扰达日县千百年来的绝对贫困问题得到历史性解决。经评估检查，达日县未发现错退，错退率0.00%，未发现漏评，漏评率0.00%。经过测算，达日县综合贫困发生率为0.00%，符合西部地区贫困县综合贫困发生率低至3%以下的退出标准。群众认可度99.86%，符合贫困县退出标准和条件。2020年达日县对照国家建档立卡贫困人口脱贫、贫困村退出和贫困县脱贫摘帽标准，经县级自查、州级初审、省扶贫开发领导小组办公室核查和省级贫困县退出第三方专项评估，全县实现贫困县脱贫摘帽。

达日交出了一份脱贫攻坚的满意答卷。全县人民在县委、县政府的坚强领导下，真抓实干，砥砺奋进，致力于促进经济社会和谐发展，综合实力跃上新台阶；脱贫攻坚步伐加快，群众收入大幅提高；各项事业协调发展，民生保障更加有力；党的建设全面加强，干部作风明显改善。站在新的历史起点上，达日县将持续深入学习习近平总书记系列重要讲话精神，深入贯彻省委、州委重大决策部署，坚持党的领导不动摇、坚持加快发展不松劲、坚持改革创新不停步，紧紧抓住脱贫后续巩固和乡村振兴这一主线，以时不我待、勇立潮头的使命和担当，撸起袖子加油干，继续团结和带领全县广大党员干部和各族人民群众，务实苦干、锐意进取，奋力谱写新时代"富裕美丽和谐达日"发展新篇章。

第一节　达日县脱贫攻坚战成功经验

一、提高政治站位，压实攻坚责任，强化脱贫攻坚政治保障

达日县委、县政府坚持站在政治和全局的高度，始终把脱贫攻坚工作作为最大的政治任务、最大的中心工作、最大的民生工程，着力提高政治站位，强化责任担当，以谋扶贫就是谋发展，抓扶贫就是抓民生的"大扶贫"工作理念，始终坚持精准扶贫精准脱贫基本方略，扭住关键难点，持续加压，

尽锐出战，奋力打好深度贫困攻坚和绝对贫困"清零"关键硬仗，确保脱贫攻坚任务如期全面完成。

二、聚焦重点领域，坚持精准发力，大力推进深度贫困地区脱贫攻坚

达日县认真贯彻中央和省州关于脱贫攻坚的各项部署要求和政策措施，结合实际，聚焦重点领域，紧扣重点环节，制定"1+8+12"政策保障体系，按照青海省《关于加快推进深度贫困地区脱贫攻坚实施方案》和《青海省深度贫困地区脱贫攻坚三年行动方案（2018年至2020年）》，不断细化攻坚措施，有效提高脱贫攻坚工作的精准性、有效性、持续性。

三、突出"两大行动"，坚持标本兼治，确保如期完成攻坚目标

达日县始终把推进扶贫领域问题整改和作风问题专项治理行动作为落实攻坚责任、转变工作作风的有效抓手，强化责任担当，坚持标本兼治，有力保障了脱贫攻坚目标任务如期完成。

达日县对标国家及省州历次审计督导、专项检查、自查自检、考核反馈的问题，主动认领、照单全收，坚持"四个不放过"整改要求，第一时间制定了对标整改方案，明确整改责任、整改措施、整改时限，严格落实整改工作制度，实行台账管理、督办落实、办结销号，先后开展集中整改和专项整改10次，有力确保了扶贫领域突出问题整改落实落地。

针对扶贫领域作风问题，达日县制定和印发了《扶贫领域作风问题专项治理方案》《关于严明脱贫攻坚工作纪律的通知》《中共十四届达日县委扶贫领域专项巡察工作方案》等，发挥审计、纪监等部门职能作用，对各项目的资金投向、实施方案的审查论证、项目运行、检查验收等环节进行全程监督。建立完善扶贫资金监管机制、督查机制、资金竞争性分配机制、公开公示机制等制度，充分发挥县乡纪委和村党支部纪检员、村民监督委员会的作用，

对项目运行、资金拨付情况等进行专项检查，并将扶贫项目资金使用情况作为县级巡察工作重点内容，开展了县级扶贫领域专项巡察检查，脱贫攻坚工作中推诿扯皮、项目进度慢、资金落实不到位等情况得到了有效整治。

四、紧扣"六大指标"，坚持定向发力，全力确保脱贫成效

达日县紧紧围绕"两不愁三保障"目标要求，狠抓脱贫攻坚工作落实、政策落实、责任落实，全面完成了贫困户脱贫、贫困村退出、贫困县摘帽的六项指标。严格"两公示一公告"，没有发现错退和漏评的贫困户，贫困村与非贫困村群众认可度达99%以上。全县建档立卡贫困户义务阶段学生入学率达到100%，无因贫辍学现象；全县2620户9769名建档立卡贫困户参加城乡居民基本医疗保险，常住人口参保率达到100%；共投入城乡居民基本养老保险资金61万元，5590名建档立卡贫困人口参加城乡居民基本养老保险，参保率达到100%；全县13个贫困村成立了互助协会，共投入互助资金650万元，577名具备发展能力的建档立卡贫困户受益，各村贫困户入会率达到100%；村集体经济方面：13个贫困村、20个非贫困村和1个扶贫联社全覆盖并实现"破零"；贫困村道路通畅、安全饮水、生产生活用电全面达标；贫困村标准化卫生室、文化活动室和村级综合办公服务中心全覆盖且规范运行。

2019年全县牧民人均可支配收入8137元，达到全省农村常住居民人均可支配收入的70%以上；九年义务教育巩固率达到95.78%；全县城乡居民基本医疗保险达到99.62%、养老保险参保率达到97.6%；全县经省级备案的13个建档立卡贫困村均达到了贫困退出标准，退出率为100%。

五、紧跟决策部署，坚持开拓创新，脱贫攻坚在探索实践中呈现新亮点

达日县在不折不扣地完成"规定动作"的同时，结合全县实际，突出精

准为先，将"有能力"的"扶起来"，实现家家有致富产业；将"扶不了"的"带起来"，实现个个有资产收益；将"带不了"的"保起来"，实现人人有兜底保障；将"住不了"的"建起来"，实现户户有安居住房；将"建好了"的"靓起来"，实现村村有面貌提升。全县脱贫攻坚在力度、广度、深度和精准度上都达到了新的水平。

第二节 达日县脱贫攻坚启示

一、把握正确方向，是脱贫攻坚胜利的政治保障

习近平总书记关于"扶贫开发贵在精准，重在精准，成败之举在于精准"的重要判断，深刻阐释了脱贫攻坚工作的鲜明特点。习近平总书记又多次对精准扶贫作出重要论述，精准扶贫方略不断丰富和完善，为达日县开展脱贫攻坚工作提供了理论指导和行动指南。实践证明，只有认真学习贯彻习近平总书记关于扶贫工作的重要论述，以之武装头脑、咬定目标、持续发力，才能确保脱贫攻坚工作靶向不偏、取得实效。

二、坚持党的全面领导，是脱贫攻坚胜利的组织保障

习近平总书记强调，越是进行脱贫攻坚战，越是要加强和改善党的领导。在五年的攻坚进程中，达日县坚持把打赢脱贫攻坚战作为重大政治任务，严格执行县级抓落实的工作机制，始终发挥党委总揽全局、协调各方的作用，积极落实脱贫攻坚一把手负责制，强化县级党委作为全县脱贫攻坚总指挥部的关键作用，构建三级书记一起抓的责任体系，为脱贫攻坚提供了坚强组织保证。实践证明，只有加强党对脱贫攻坚工作的全面领导，才能更好地指导实践，推动落实。

三、广泛凝聚合力，是脱贫攻坚胜利的综合支撑

习近平总书记强调，要更加广泛、更加有效地动员和凝聚各方面力量，共同向贫困宣战。脱贫致富不仅是扶贫部门一家的事，也是全社会的事。五年来，县委、县政府充分发挥调动政府和社会两方面力量作用，构建专项扶贫、行业扶贫、社会扶贫互为补充的"三位一体"大扶贫格局，调动各方面积极性，引领市场、社会协同发力，形成全社会广泛参与脱贫攻坚格局。正是因为动员了社会各界方方面面的力量，扩大社会力量支持扶贫开发事业发展的覆盖面，才为脱贫攻坚争取了更多的资源，形成了强大的综合支撑。

四、激发群众活力，是脱贫攻坚胜利的内生动力

习近平总书记强调，贫困群众是扶贫攻坚的对象，更是脱贫致富的主体。脱贫致富终究要靠贫困群众用自己的辛勤劳动来实现。在具体工作中，达日县始终坚持扶贫和扶志、扶智相结合，正确处理外部帮扶和贫困群众自身努力关系，培育贫困群众依靠自力更生增强脱贫致富意识，培养贫困群众发展生产和劳务输出，组织、引导、支持贫困群众用自己的辛勤劳动实现脱贫致富，用人民群众的内生动力支撑脱贫攻坚。实践证明，只有依靠人民群众，充分调动贫困群众积极性、主动性、创造性，脱贫攻坚才有基础，群众致富才能持续。

五、夯实基层组织，是脱贫攻坚胜利的战斗堡垒

习近平总书记指出，要抓好以村党组织为核心的村级组织配套建设，选好配强村级领导班子，鼓励和选派思想好、作风正、能力强、愿意为群众服务的优秀年轻干部、退伍军人、高校毕业生到贫困村工作，落实好向贫困地区村党组织选派第一书记举措，真正把基层党组织建设成带领群众脱贫致富的坚强战斗堡垒。五年来，达日县聚焦13个贫困村，着力强化基层党组织带头人队伍建设，培养一支"不走的工作队"，牧区基层党组织已成

为宣传扶贫政策、落实脱贫任务、领导脱贫攻坚、团结动员群众、推动改革发展的坚强战斗堡垒。实践证明，抓好党建促脱贫攻坚，是贫困地区脱贫致富的重要经验。

脱贫摘帽不是终点，而是达日人民新生活、新奋斗的起点。达日县摘帽后，将继续把扶贫工作作为统揽全县工作来抓，做好退出后的帮扶、监管和巩固提升工作。达日县将继续深入贯彻落实习近平总书记在决战决胜脱贫攻坚座谈会上的讲话精神，多措并举巩固成果、保持脱贫政策稳定，推进脱贫攻坚巩固提升和乡村振兴有机衔接、统筹规划，围绕提升脱贫质量和夯实责任体系两大工程，以更大的决心、更明确的思路、更精准的举措，在产业扶持、政策延续、资金投入、扶志扶智等方面持续用力，举全县之力做好巩固提升阶段各项工作。